逃げない。

リーダーに伝えたい70の講義

唐《から》池《いけ》恒《こう》二《じ》

PHP

はじめに

「このたびの人事異動で新しく部長を拝命しました。教えていただきたいことがあります。リーダーとしてどんな本を読めばいいでしょうか」

今春の当社の人事異動のとき、課長から部長に昇進したA君が、私のところに異動のあいさつに来てくれました。

課長もリーダーですが、部長になるとさらにその上のリーダーになります。部下の人数も増え、責任も重くなります。

A君はそれまでも、課長としてリーダーシップを見事に発揮し、職場をよくまとめていました。

今回部長に抜擢されたことで、ますます熱く燃えているようです。より立派なリーダーにならなければいけないと張り切っています。そこで、自分自身を成長させるために、私にリーダーとして読むべき本を尋ねてきたわけです。

A君の前向きな気持ちに応えてあげようと、私自身が以前に読んだ本をいくつか紹介しました。「リーダーの仕事の9割はコミュニケーションだ。昔からの持論だが、僕は君のような立場の社員にはビジネス書より小説を薦めたい。リーダーの権化たる存在は、池波正太郎の『鬼平犯科帳』の鬼平。リーダーの理想像は、葉室麟の作中に登場する主人公たち。お取引先との交渉には、恋愛小説にも多くのヒントがあるものだよ」

意外そうに、でも満足そうにA君が部屋を出ていったあと、しばらくあれこれ考えました。

私はリーダー論についてさまざまなところで講義や講演を行っています。社内の新任管理職研修で講義をしたり、経済団体やセミナー主催企業からの依頼で講演をしたり。おかげさまで私の講義や講演は「リーダー論の核心を衝いている」「わかりやすくおもしろい」「久しぶりにあんなに笑った」など、なんだかけっこう評判がいいわけです。

鬼平や恋愛小説もいいけれど、今まで話してきた自分の講義や講演を収録した格好で一冊にまとめ、それをA君に読んでもらったほうが話が早いかもしれない。そんな考えに至り、敬愛する松下幸之助翁が創設したPHP研究所に再び協力をいただきながら、出来上がったのが本書です。

本書は、私がさまざまな講義や講演でお話ししてきたことをなるべく臨場感豊かに再現しようと試みた70篇から成っています。見ての通り、内容は多岐にわたります。ライブで講義や講演を聴いているかのように、皆さんに愉しんで読んでいただけるよう構成をしたつもりです。

今回も、「ななつ星 in九州」をいっしょにつくったデザイナーの水戸岡鋭治さんにご協力を賜りました。２０２０年10月に運行7周年を迎えたななつ星が完成するまでに、水戸岡さんが粉骨砕身し魂を込めた３０００枚のデッサン画から11枚を選り抜き、私たちの間で交わされたエピソードとともに、皆さんに初めてご紹介させていただきます。

さて、A君はなんと感想を言ってくれるものやら。今から楽しみです。

唐池　恒二

目次

第四条　本質に気づく

装丁・木村裕治
齊藤広介（木村デザイン事務所）
挿画・水戸岡鋭治
編集・染川宣大（HPB Inc.）

第一条

逃げない

第1講 リーダー学へようこそ

リーダーとは、一言でいうと、ある目的のために集まった集団（組織）の〝親分〟のことです。リーダーの役割は、組織を強くし、目的の達成のために組織を動かすことです。

リーダー学とは、リーダーの役割とあるべき姿を明確にし、立派なリーダーになるためのプロセスを研究する学びを意味しています。

私がこのリーダー学を日々の仕事のなかで修めることができたとするならば、それは「3人の先生」がいたからだと考えています。

一人めの先生は**「明治維新」**。

200年以上も続いた鎖国により海外との交流がほとんどなかった日本が、幕末のペリー来航を機に開国し、時を移さず明治維新を断行しました。日本は、明治中期までのわずかな期間で欧米列強と肩を並べるまでに国力を伸ばしました。世界の人々は、その改革の規模とスピードに驚嘆の声を上げました。この大改革を成し遂げたこの時代のリーダーたちが私の先生です。

二人めは**『鬼平犯科帳』**。

池波正太郎の人気時代小説『鬼平犯科帳』は、私にとってリーダー学の一番大事な教科書です。小説として抜群におもしろく、同時に主人公の鬼平こと火付盗賊改方長官・長谷川平蔵の言動にはリーダーシップの神髄を見ることができます。極悪非道の盗賊を成敗するためには、鬼となって陣頭指揮を執る。つねに部下を思いやり、密偵たちとも分け隔てなく語り合う。鬼平の目標の明確化、情報収集能力、決断力、コミュニケーション力など、理想的なリーダーといえます。

三人めは**「焼きとり屋」**。

驚かれるかもしれませんが、私はこれまで、まちの焼きとり屋から実に多くのことを学んできました。地元の博多で長く通う焼きとり屋の大将と仲良くなり、彼の話を聞いているうち、彼こそリーダー学の大家だということに気づいたのです。

大将は、今では東京やハワイにも展開する焼きとりチェーンの社長です。彼のサクセスストーリーは、そのままリーダー学の実践版です。

焼きとり屋だけではありません。実は福岡に誕生し成功した飲食店の経営者には、私から見て共通していることがあります。

それは、みんなリーダー学を無意識のうちに身につけているということです。これらについては、私の大好きな焼きとり屋の話も含め、**第24講、第35講**などでまた紹介します。

第2講　リーダーになってみる

〝3人の先生〟がいたからリーダー学を修めたと言いましたが、もう一つ言及すべきリーダー学を究めることができた理由は、やはり「経験」です。

私自身が若いときから、リーダーとして活動してきました。

リーダーとしての体験を重ねることこそ、リーダー学を修めるための最高にして最良の道なのです。

特に大きな影響を受けたリーダー体験が三つあります。

一つめ。1977年、国鉄（現在のJR各社の前身）に入社し、6年目、28歳のとき現場長になりました。職場は、福島県にあった棚倉国鉄バス営業所です。そこの所長に抜擢されました。職場には、バスの運転士や車両検査係、事務職など約100人の職員（当時は、社員と呼ばず職員と呼んでいました）がいました。

20代で約100人のリーダーになったわけです。人口1万5千人の棚倉町の中では、最大級の職場でした。当時は、JRではなく国鉄という硬直的な組織の中にあって、労使関係も職場での人間関係も極めて劣悪な状況でした。そうした環境の中で、まだ若いリーダーとしてかなり鍛えられました。

　二つめ。１９８７年に国鉄の分割民営化によりＪＲが誕生しました。私はＪＲ九州の所属となり、３年めにＪＲ九州船舶事業部企画課長を拝命しました。博多港と韓国・釜山港の間に高速船航路を開設し、運航させるためにつくられた組織です。就航した１９９１年までの2年間に数十回韓国に渡り、韓国側のパートナーと交渉を重ねました。ＪＲ九州も私自身も船の仕事の経験がまったくありませんでしたが、他社の船長や船舶部長を歴任され、海運のプロとして運輸業界で広く知られた先輩社員の指導を幸運にも授かり、自らも猛勉強をして航路開設に奔走しました。

　このまったく未知の分野でのリーダー体験は、その後の私の人生そのものにも大きなプラスの影響を与えてくれました。

　三つめ。これまた門外漢だった、外食事業の経営を任されたことです。

　１９９３年に、船舶事業部から外食事業部次長に転属となりました。駅構内や駅前で焼きとり屋、ラーメン屋、うどん店、アイスクリーム店、レストランなどの飲食店を約50店運営している事業部でした。次長というものの、部長職は本社の役員の兼務でしたから、実質的に部長の仕事を任されました。

　つまり、ＪＲ九州の中の外食事業の経営に当たることになったわけです。その事業部の前年度の決算をみると、売上25億円、営業損失が8億円というひどい経営状況でした。結果的には、就任3年目に黒字にしましたが、このときの経験が非常に勉強になりました。

リーダー学を学ぶ一番手っ取り早い方法は、リーダーの体験を数多くすることなのです。

貴重なリーダー体験がもう一つありました。

高校、大学と柔道部に入っていました。それぞれの最終学年に部のキャプテンを任されました。この18歳から始まったリーダー体験も、その後の人生と仕事の大きな糧になっていることを付け加えておきます。

第3講　鬼平はリーダーの鑑《かがみ》

「そんし」と聞いて、何を思い浮かべますか。

ビジネスの世界では、ソフトバンクの孫正義さんを真っ先に挙げる人も多いでしょう。

ここでは、孫正義さんではなく、兵法書の古典中の古典で、中国の春秋時代の呉の将軍・孫武が著した『孫子』の話をします。『孫子』は、古代からずっと軍事専門家の間では兵法書の聖典と謳われています。織田信長もナポレオンも読んでいたとされます。また、現代社会においては、中国や日本のみならず、欧米の経営者たちから最高のビジネス書と評されています。米マイクロソフト社の創業者ビル・ゲイツ氏をはじめ世界の名経営者は軒並み『孫子』の影響を受けています。先ほど名前の出た孫正義さんも『孫子』の愛読者です。

私自身は、今から30年ほど前に初めて本格的に『孫子』に触れました。国鉄民営化直前の人事部長の任に就いたころ、D&S（デザイン&ストーリー）列車「ゆふいんの森」を手掛けたころ、国際船舶事業で「ビートル」号を走らせたころ、私の手元にはつねに『孫子』がありました。

『孫子』の中では、リーダーに必要な資質について述べられています。

「将とは、智、信、仁、勇、厳なり」

「将」は、リーダーのことです。
「智」は、情報と知識をもとに物事の本質を見抜き、先を見通す力のことです。
「信」は、部下から信頼されることです。
「仁」は、部下への愛情や思いやりを持つことです。
「勇」は、勇敢な行動ができて、決断力があることです。
「厳」は、メンバーを統率するための厳しさです。

『孫子』は、リーダーとはどうあるべきかについて、見事に喝破しています。

この『孫子』のリーダー論が、そのまま私のバイブルである『鬼平犯科帳』の鬼平こと長谷川平蔵にあてはまるからまたおもしろいのです。

平蔵は、暇あれば自ら市中を見回り些細な事象も見逃さず、密偵たちの収集した情報から的確に状況判断し、盗賊たちの行動の先の先を読んでいきます。これが「智」です。

配下の与力・同心はもちろん、密偵たちからも絶大な信頼を得ています。これが「信」です。

作中の密偵たちは、元盗賊でありながら平蔵に心服し、平蔵のために盗賊探索に活躍するようになった者たち。が、そこはそれ、部下とはいいながら、武士ではありません。元盗賊という負い目をつねに感じています。平蔵は、そんな密偵たちとも分け隔てなく語り合い、ときには優しくいたわったりするのです。これが「仁」です。

いざ、捕物となったとき、平蔵の勇猛果敢な行動と、ここぞというときの決断力には、読者の私も頭に浮かぶ情景に目を見張り、感服するばかり。平蔵の陣頭指揮の姿は、まさに「勇」そのものです。

極悪非道の悪党たちからは「鬼の平蔵」と恐れられ、配下の者でも不正を働くなら容赦はしない、そんな厳しさを持っています。これが「厳」です。

ひょっとしたら、鬼平も、『孫子』の愛読者かもしれません。

第4講
よきリーダーとなるための十カ条

若いころからリーダーシップについて関心がありましたので、そういった書物をいくつか読みました。『孫子』は、戦略・戦術の全般にわたって総合的に論じた兵法書で、格調高い文章で簡潔に要点を説き、深い思想性も持っています。13篇からなり、最初の「始計篇」に将たる者（リーダー）が具備すべき五つの徳が説かれています。前講で述べた「将とは、智、信、仁、勇、厳なり」です。

『孫子』と並ぶ高い評価を受けているのが、『六韜《りくとう》』と『三略《さんりやく》』です。ともに中国古代の兵法書です。『六韜』は、周の文王と武王の問いに対し功臣太公望が治世と兵法について答える形式で6巻から成っています。『三略』は、漢の高祖に仕えた軍師張良が授かった兵法書といわれていますが、真偽は定かではありません。一般に二つの書を合わせて『六韜・三略』と呼ばれます。

『六韜』の「第十九 論将篇」にもリーダーの条件が述べられています。『孫子』と同じく五つあります。勇、智、仁、信、忠の五つです。

『孫子』と『六韜』を比べておもしろいと思ったのは、どちらも五つの条件が挙げられており、そのうちの四つ「智、信、仁、勇」は両方に入っていますが、『孫子』の「厳」は『六韜』にはなくて代わりに「忠」が入っていることです。また、五つの順序が入れ替わっています。両書それそれの時代と置かれた状況の違いからくるのでしょうが、興味深いものがあります。

私は、洞察力の深さと時代を超えた普遍性から『孫子』をより支持する立場です。

これらの書物に書かれてあるリーダー論を私なりに咀嚼し、これまでの私自身の経験を加えて、オリジナル版「よきリーダーとなるための十カ条」をまとめてみました。本書はこれに沿って進めていきたいと思います。

第一条　逃げない
第二条　逆境をバネにする
第三条　夢をみる
第四条　本質に気づく
第五条　まず行動する
第六条　勉強する
第七条　伝える
第八条　思いやる
第九条　決断する
第十条　真摯さ

第5講　リーダーは逃げない

「リーダーは逃げるな」

国鉄に幹部候補生として入社した後、新入社員研修で何度も聞かされた言葉です。

そんなリーダー学を教えてくれた国鉄という組織でしたが、私が入社して10年目にこの世からなくなりました。

毎年垂れ流してきた赤字。劣悪な労使関係。職場規律が乱れに乱れた現場。現場管理者をサポートしない本社幹部。膨れ上がる設備投資。収支感覚が麻痺した、というより経営意識がまったくない経営陣。解体の理由は、挙げれば切りがありません。

一番の理由は、リーダーが逃げていたからではないでしょうか。

とにかく、1987年、国鉄は分割民営化により解体され、全国にJR各社が誕生しました。

私は、国鉄で10年務めた後、運がいいのか悪いのかわかりませんが、JR九州発足と同時に同社に採用されました。3年目にひょんなことから、**第2講**で先述の通り船舶事業の仕事をすることになりました。1989年4月、JR九州船舶事業部企画課長拝命。ここから私の海の男としての人生が始まりました。

「一に玄海《げんかい》、二に日向《ひゅうが》、三、四がなくて五に遠江《とおとうみ》」

漁師たちの古くからの口伝えの一つです。

日本近海で波が激しく荒い一番目の海が九州北部に面した玄界灘。二番目が宮崎から望む日向灘。三番目に静岡沖の遠州灘と数えています。宮崎には、「一に玄海、二に遠江、三に日向の赤江灘」と歌った郷土民謡があります。他の地域の言い伝えにも二番手、三番手に別の地名が挙げられた事例がありますが、玄界灘だけは不動の一番を譲りません。海の男たちが最も畏敬の念を抱く海、それが玄界灘です。

その名うての荒海に船の航路をつくろうと無謀なことを思い立ったのが、JR九州の初代社長石井幸孝《よしたか》さんです。（私は4代社長に当たります）

石井さんは、国鉄時代にできなくてJR九州になってできるものとは何だろうと考えました。それはやはり、JR九州の本拠地である九州の強みを活かすことではないか。そんな結論に至りました。その強みを考えていくうちに石井さんの中で「九州は日本の中で一番アジアに近い」「アジアとの交流をJR九州のビジネスの核にしよう」と思考が展開していきます。

博多港と韓国・釜山港の間の距離は約200キロで、博多と広島よりも短い。この二つの港を高速船で結べば、ビジネスとしても国際交流としても意義のあること。おそらくそのように考えたのでしょう。

博多・釜山間に高速船航路をつくることになり、その準備と実際の運航を担当するJR九州船舶事業部が1989年4月に発足しました。この事業部の部長に次ぐ職位、ナンバー2の企画課長に任命されたのがこの私でした。部長には、国鉄時代に岡山の宇野と四国の高松を結んでいた宇高連絡船という航路の経営に当たっておられた（**第2講**で「海運のプロ」として触れた）大嶋良三さんが石井さんにより招聘されていました。若いころはタンカーに乗り世界の海を駆け巡ったのち、国内でいくつかの大型船の船長を歴任された、まさにプロ中のプロたる海の男です。

できたばかりの船舶事業部ですが、着任早々、たくさんの仕事が待っていました。まるで、これから小さな船で玄界灘の荒波に漕ぎ出していくような気持ちになりました。素人の私をこんな物騒な海の仕事に就かせるなんて、当社の石井社長はいったい何を考えているのだ！　と恨みがましく感じたことも思い出します。

しかし今考えると、この船舶事業部の経験があったからこそ、その後のキャリアで、リーダーとしていろいろなタイプの組織を引っ張ることができたのだと強く思います。

一番大きかったのは、大嶋さんと一緒に仕事ができたことです。この立派なトップの下で働き、つねにその仕事ぶりを間近に見られたことです。

大嶋さんのリーダーシップには、いつも感服するばかりでした。その在り方を一言でいうなら、**「逃げないリーダー」**です。

韓国側との交渉で大嶋さんは陣頭指揮を執り、地元の漁協との話し合いにも大嶋さんは正面からぶつかっていきました。気性の激しい人たちが事務所に怒鳴り込んできたときも、大嶋さんは「ご苦労さんですわ」と岡山弁丸出しで対応していたことを思い出します。

あるとき、大嶋さんから操船の極意について教えてもらいました。海で嵐に出くわしたときの操船方法についてです。押し寄せる高波に対し、船首を真正面に向けると船は転覆しません。5万トンのタンカーでも10トンの漁船でも、これは変わらない鉄則です。どんな大きな波が来ても船が正面から向かっていくなら沈没しません。高波に対し船首を横に向けたり、波から逃げようと後ろ向きにしたりすると船は転覆します。どんな最新鋭の機器を積んだ大型船でも横波や追い波に抗する力はありません。

この話を聞いたとき、大嶋さんの行動の原点がわかりました。

この教訓は、人生や仕事にも通じます。難局にも逃げずに真正面から立ち向かうと必ず解決する。嫌な仕事から逃げたり、やっかいな仕事を直視しなかったり後回しにしたりすると、余計に問題が大きくなって取り返しがつかなくなる。そういうことを大嶋さんは教えてくれたのです。

「難局に直面したときには、逃げずに正面から立ち向かう」

このとき学んだリーダー論の核心は、その後の私の人生の指針となりました。

第二条

逆境をバネにする

第6講　逆境はひとを育てる

逆境は、大小の違いはあれ、誰にでもやってきます。

人生も仕事もうまくいくときだけではありません。いくら頑張ってもなかなか結果が出なかったり、思わぬ邪魔が入ったりすることもあります。自然災害や事故のように自分だけでは制御しにくい事象に突然襲われたりもします。こうした逆境に追い込まれたとき、どうしても落ち込んでしまい、物事を前向きに考えることができなくなることもよくあります。

一方、逆境を前向きに捉えたり、逆境を逆手にとって好機とみて今まで以上に力を発揮したりする人もいます。

リーダーにとっては、**逆境は試練の場、教育の場**となります。

逆境がリーダーを育てます。逆境がリーダーを強くします。

「逆境に勝る教育はない」

イギリスの政治家であり作家のベンジャミン・ディズレーリの言葉です。

経営の神様と謳われる松下幸之助氏も何度も逆境に追い込まれてきました。そのたびに、逆境に立ち向かい、逆境を乗り越えてきました。幸之助氏はこう述べています。

「逆境――それはその人に与えられた尊い試練であり、この境涯にきたえられてきた人はまことに強靱である」

ミッキーマウスの生みの親、ウォルト・ディズニーも、自身を振り返って断言します。

「人生で経験したすべての逆境、トラブル、障害が、私をまっすぐにし、強くしてくれた」

最近、レジリエンスという言葉をよく耳にします。

レジリエンス（resilience）とは、何らかの衝撃により屈折や圧迫などの苦境に陥ったときに元の状態に戻る力をいいます。「回復力」「復元力」あるいは「弾力性」とも訳されます。レジリエンスの本質を理解するためには、「跳ね返す力」あるいは「しなやかな強さ」と定義するほうがよさそうです。もともとは物理学や生態学などの用語として知られていたものですが、最近では心理学の分野でよく聞かれるようになりました。

ビジネスにおいては、逆境をバネにし、乗り越える力ということから、「逆境力」と訳す場合が多いようです。仕事における強いストレスをなかったことにするのではなく、ストレスに直面した際、きっちりと受けとめ、跳ね返したり、適応したりする力として使用される言葉です。

逆境に関して、もう一つ、自己啓発の名著『人を動かす』のデール・カーネギーの言葉を紹介しましょう。

「世界の大偉業の大半は、もはやこれで絶望かと思われたときにも、なお仕事をやり遂げた人々の手によって成し遂げられた」

第7講

明治維新の逆境力

明治維新は、近代日本が成し遂げた最大の国家改革プロジェクトです。

このプロジェクトによって、日本の統治体制は、幕藩体制から近代的中央集権国家へと大きく変わりました。それとともに社会、経済の至るところで西洋化、近代化がものすごい勢いで進展しました。日本の社会システム全般の大改革が成し遂げられたのです。

その成果と意味において、明治維新はしばしば王政から共和制へと統治体制を変革させたフランス革命よりも広範囲にわたる奇跡的な大革命とされています。

そのすごさを語るうえで、欧米の人たちが驚嘆するほどの猛烈なスピードで近代化が進展したことも忘れてはいけません。

200年以上も続いた鎖国により近代化が遅れていた日本が、どうして短期間で西洋の列強と肩を並べるまでに発展できたのでしょうか。

その原動力は、当時のリーダーたちが日本の置かれた逆境を認識し、**強烈な危機感**を抱いたことにあると私は確信しています。

1840年、アジアの超大国であった清と、世界の覇者となったイギリスの間にアヘン戦争が勃発しました。いち早く産業革命を果たしたイギリスは、最新の装備を備えた軍事力で清を圧倒しました。清軍が壊滅した1842年、南京条約が締結され戦争が終了しましたが、この条約は上海などの5港の開港、香港島のイギリスへの割譲など、清にとって屈辱的な内容が盛り込まれた不平等条約でした。この条約を契機に、実質上、中国は欧米の半植民地となったのです。

アヘン戦争前後に、アジア諸国には次々に西洋の列強が押し寄せてきました。アジア諸国が次々にヨーロッパ諸国の植民地となっていく情報は、鎖国中の日本でも国交のあったオランダなどを通じて詳しく入ってきています。当時の幕府が最も衝撃を受けたのは、アジアの超大国の清がアヘン戦争でいとも簡単にイギリスに屈服したことです。

大国の清でさえも国家の存続がおぼつかなくなった。次は、西洋の列強の目が日本に向けられるだろう。そうなったらひとたまりもない。幕末の日本人たちは、そのような恐怖感を抱きました。

ここで、当時のリーダーたちが素晴らしかったのは、危機感を逆境力（レジリエンス）へと昇華させたことだと強調しておきます。

このまま何もしないでおくと、清のようにアジア諸国のように、わが国はヨーロッパ諸国の植民地になってしまう。自分たちが今なんとかしなければ日本は滅んでしまう。欧米に負けないような国力をつけよう。

この逆境力が、「いま立ち上がらなければ」というリーダーたちの使命感になったのです。

明治維新は、まさに逆境力あっての大革命だったのです。

第8講

明治維新は無血革命

明治維新の期間の定義については、諸説あります。

一つめの説は、徳川幕府が朝廷に政権を返上した大政奉還に始まり、その後の王政復古の大号令を経て、新政府軍と旧幕府軍が初めて武力衝突をした鳥羽伏見の戦いに至るまでの１８６７年11月から１８６８年1月までの明治政府の胎動期を、明治維新とするもの。

二つめの説は、明治の元号を定めた改元の詔書（「一世一元の詔」という）が出された１８６８年をもって明治維新とするというものです。２０１８年に「明治維新１５０年」のキャッチフレーズとともにメディアが盛り上がったことがありましたが、それはこの説に基づいたものです。

三つめの説は、それまで２６０年間続いた幕藩体制が崩壊し、新政府を設立して近代国家へと移行していく政治と社会の大変革の一連のプロセスを指すというもので、時期的には、幕末から明治中期にかけての20年くらいの期間となります。

多くの学説の主流は、この三つめのものです。

つまり、明治維新は、幕末から明治時代初期に行われた一連の改革のすべてを指すということです。その範囲は、中央官制・法制・宮廷制度・身分制・地方行政・金融・流通・産業・経済・文化・教育・外交・宗教・思想政策の改革・近代化など多岐に及んでいます。

フランス革命は、世界史を代表する市民革命といわれます。激しい戦いの末に、国の体制が絶対王政から共和制へと変わりました。大改革に違いないのですが、本質は統治体制を中心とした改革です。

明治維新も、地方分権型幕藩体制から近代的中央集権国家へと統治体制を大きく変えましたが、それ以上に政治、社会、経済の至るところで西洋化、近代化という大改革を成し遂げたところに大きな意味があります。このことから、明治維新にはフランス革命よりも広範囲にわたる大革命であるという評価がしばしば与えられます。

しかも、明治維新は、あれほどの大改革でありながら、徳川幕府側が統治の拠点である江戸城を、**流血なしに新政府側に明け渡した**ことから始まりました。世にいう、江戸無血開城です。明治維新が無血革命といわれるゆえんです。このことをもって、明治維新は「奇跡の革命」ともいわれます。

明治維新は、列強に圧《お》されつつあったアジア諸国にとって、近代化革命の模範ともなりました。

第9講

泣かせる男、海舟

このところ、勝海舟の魅力の虜になっています。

海舟は、もともと自分の好きな歴史上の人物ベスト3に入る人でした。2019年初頭、海舟の父・勝小吉《こきち》と母・お信《のぶ》を描いたNHK BSのテレビドラマ「小吉の女房」を観たことで、さらにぐっと海舟にハマってしまうことになりました。今や海舟は好きな偉人、断トツの1位です。

幕末に登場する人物の中で最も人気のあるスターである坂本龍馬も、生涯「先生」と呼んで敬愛したのは勝海舟ただ一人。西郷隆盛も初対面で海舟の偉大さを見抜いたとされます。龍馬と隆盛という幕末の二大スターも認め惚れ込んだ人物、それが勝海舟なのです。

「小吉の女房」放映後、書店で海舟関連の本を物色していると、『それからの海舟』という一風変わったタイトルの歴史評伝が目に飛び込んできました。さっそく購入し、自宅の座敷で姿勢を正しページを開きました。さあ大変、そこからもう止まりません。著者の半藤一利さんは、大の海舟ファン。本の中で海舟のことを「勝っつぁん」と親しみを込めて呼ぶくらいに熱いファンです。すっかり私も伝染《うつ》ってしまって、人に海舟のことを話すときには、もう「勝っつぁん」と呼んでしまうようになりました。

ちなみに「それから」とは、江戸無血開城を生んだ勝海舟・西郷隆盛の会談のあとからということを意味します。つまり、明治になってからの後半生を史料に基づき物語風に書き綴ったのが、『それからの海舟』なんですね。これを読み終え、海舟の自著『氷川清話』、子母沢寛の『父子鷹』（上下2巻）、同じく子母沢寛の『勝海舟』（全6巻）と、立て続けに海舟ものを読破しました。そうすると、幕末の人物相関図が徐々に見えてきました。

江戸無血開城は、日本史の教科書にも出てくる幕末最高の山場です。勝っつぁんが江戸無血開城の最大の功労者であることはいうまでもありません。徳川幕府側の全権大使として、新政府軍側の西郷隆盛との必死の交渉に当たった末、歴史に残る偉業を成し遂げました。決裂すれば、江戸の街は戦禍に見舞われ、多くの市民が犠牲になっていたはずです。すんでのところで、それを食い止めた両雄の**大局観と胆力**には感服のほかありません。

江戸無血開城に至るまでの前半生もとてもドラマチックで興趣が尽きませんが、それ以上に「それから」の生き方は強く胸を打つものがあります。

勝っつぁんは、明治政府が誕生した後、三つのことに粉骨砕身の労をとりました。

一つ。主君、徳川慶喜の汚名をそそぐことに全力を尽くしました。慶喜は、戊辰戦争で錦の御旗を掲げた新政府軍と戦ったため朝敵の汚名を着せられました。勝っつぁんは、その汚名返上に生涯を捧げます。

二つ。無職となった旧幕臣たちの暮らしが成り立つよう大いに奮闘します。政府の役職に推薦したり、生活費の面倒までみたりしています。彼らが中心になり、静岡の牧之原台地を開墾して茶の栽培を始めたのも海舟の助言によるものとされます。

三つ。西南戦争で賊軍の将とされた西郷隆盛の名誉回復にも心血を注ぎました。隆盛が亡くなった2年後に、勝っつぁん自らこの盟友の石碑を建てました。幕末の最大のヒーローも、西南戦争で政府に反旗を翻したために一転反逆者へと立場が変わってしまいました。政府の中には、戦争が終結しても隆盛に対する恨みと警戒心は強く残っています。そうした政府のアンチ隆盛の雰囲気の中で、私費とはいえ隆盛の石碑を建てるなんて、勝っつぁん以外の人ではできません。

その後、勝っつぁんは、自身が亡くなるまで、時の政府に睨まれながらも隆盛の名誉回復に奔走するのです。

泣かせますね。

第10講　海舟の父にも仰天

好きな歴史上の人物の断トツ首位が勝海舟であると、前に述べました。

実は、1位がもう一人います。海舟の父、勝小吉です。

第9講で触れたテレビドラマ「小吉の女房」で個性派俳優・古田新太さんが演じた、めちゃくちゃ破天荒で痛快極まりない人物です。

どうして、リーダー学の講座で、あまり知られていない勝小吉の話になるのかといいますと、幕末の最高のリーダー、勝海舟の生みの親であり、育ての親だからです。勝小吉の人生を見ていくと、どうして海舟のような人物が世に出てきたのかが理解できます。そのことが坂口安吾の『安吾史譚』の中で的確に述べられています。

坂口安吾は、昭和の戦前から戦後にかけて活躍した近現代日本文学を代表する作家の一人です。純文学のみならず、歴史小説や推理小説、時代風俗から古代史まで広く多彩に執筆し、当代一の人気作家となりました。この安吾の著した歴史読み物『安吾史譚』には、古代から幕末までの著者の最も愛した7人の英雄・快男子の生涯が描かれていますが、なんと勝小吉が源頼朝、直江兼続、天草四郎ら6人の人物たちと並んで登場します。

勝小吉は、れっきとした旗本で剣術の達人でした。生涯幕府の役職に就かず、というより、八方破れの性格ゆえ就けなかったというほうが正しいのですが、若いころ、まさに無頼そのものの生活を送っています。6歳のころに養子入りした勝家を14歳で飛び出し、伊勢まで放浪の旅をしています。勝家の実娘、お信を娶りますが、食い詰めて21歳のときにもまた家出。帰ると義父の怒りを買い、3年間座敷牢に入れられるという放埒を極めた人生を送っています。

海舟が生まれたのは小吉22歳のときですから、父親が座敷牢にいる間に海舟は生まれたことになります。ちゃきちゃきの江戸っ子で、喧嘩と聞けば飛んでいき、困っている人を見ると放っておけずとことん面倒をみます。無役だから当然家は貧乏このうえなし。刀剣の目利きに精を出し、その手数料でなんとか生計の足しにしたようです。

そんな小吉の背中を見て育ったのが海舟というわけです。

『安吾史譚』に登場する勝夢酔（小吉は隠居後、夢酔と名乗りました）の章の冒頭の一節を紹介します。

勝海舟の明治二十年、ちょうど鹿鳴館時代の建白書の一節に次のようなのがある。
「国内にたくさんの鉄道をしくのは人民の便利だけでなくそれ自体が軍備でもある。多く人を徴兵する代りに、鉄道敷設に費用をかけなさい」
卓見ですね。当時六十五のオジイサンの説である。当時だからこうだが、今日に於てなら、国防と云えば原子バクダン以外には手がなかろう。兵隊なんぞは無用の長物だ。尤も、それよりも、戦争をしないこと、なくすることに目的をおくべきであろう。海舟という人は内外の学問や現実を考究して、それ以外に政治の目的はない、そして万民を安からしめるのが政治だということを骨身に徹して会得し、身命を賭して実行した人である。近代日本に於ては最大の、そして頭ぬけた傑物だ。

（中略）

こういう偉大な傑作は歴史がなければ生れない。彼を生んだものは、時代もあるし、天分でもあるが、もう一ツ彼の場合には親父があった。本篇の主人公、勝夢酔である。捧腹絶倒的な怪オヤジであるが、海舟に具わる天才と筋金は概ね親父から貰ったものだ。

剣術に優れ、禅で胆力を鍛えに鍛えた結果、その命を幕府内外から狙われながら、飄々と護衛もつけず、江戸も京もひとり歩いていたという海舟。

そんなリーダー、海舟のことは「天才と筋金は概ね」与えたという、破天荒で痛快極まりない父小吉の存在なくして語れません。

第11講 逆境は尊い

「不況またよし。不況は改善、発展への好機である」

「景気の悪い年は、ものを考えさせられる年。だから、心の改革が行なわれ、将来の発展の基礎になる」


パナソニックの創業者で経営の神様、と謳われる松下幸之助氏の言葉です。

私の書いた本には今までもたびたび松下幸之助氏が登場します。幸之助氏は郷里大阪のヒーロー。大阪の人は大阪発で活躍している人がすごく好きになるのです。

古くは太閤さん。つまり豊臣秀吉です。この安土桃山時代以降、大阪は日本のナンバーワンの座を長く江戸、東京に譲ったまま。潜在的に東京への対抗心がものすごく強いんですね。

私が子供のころ、昭和30年代はパナソニックの前身、松下電器がすごい勢いで日本経済を牽引していました。そして幸之助氏はやがて「経営の神様」と呼ばれます。

私は幸之助氏の立身出世伝を子どものころに相当読んでいます。ワシントン、リンカーン、野口英世の偉人伝と同様に幸之助氏の出世伝の虜になりました。

その私が長く敬愛する幸之助氏は、経営を進める中で幾度となく不況や逆境に直面しています。

松下電器は創業間もなく、第一次大戦後の反動恐慌に襲われました。このときは、1923年3月に開発した電気器具「砲弾型電池式ランプ」の大ヒットにより不況を乗り越えました。

乗り越えたと思った直後、1923年9月に関東大震災が起こりました。大阪を本社とする松下電器ですが、当時はもう東京にも事務所を構えていました。幸い二人の駐在員は無事に帰ってきましたが、東京方面の販売網は全滅状態になりました。しかし、このときも幸之助氏の強い意志で早期に再興し、翌年早々出張所として再開しています。

関東大震災の復興もままならない1927年3月、金融恐慌が発生し、資金難で倒産する企業が続出しました。こうした混乱にもかかわらず、松下電器は資金的にはなんとかやりくりがつきました。


幸之助氏は、このころ、販売店や従業員との精神的なつながりを強化すべく、販売店向け機関誌『松下電器月報』や社内報『歩一会会誌』を発行することにしました。

その後、幸之助氏にとっての窮地が訪れました。戦後のGHQの占領政策によるものです。まず、制限会社の指定を受けてすべての会社資産が凍結されました。次に、財閥家族の指定、軍需補償の打ち切りなど七つの制限を受け、会社解体の危機に直面しました。

これらの制限の多くは、GHQの「財閥解体」の基本方針に基づいて指定されたものです。松下電器は旧財閥系とは異なり、一代で築き上げた会社でしたから、幸之助氏には納得できるものではありませんでした。4年間、五十数回にわたって幸之助氏自身が上京し「財閥ではない」と猛烈な抗議を繰り返しました。結果、幸之助氏の生い立ちと同社のありのままの姿が理解されるようになりました。その後、1950年までにほとんどの制限が解除されました。

最大の苦境は、高度成長を続けてきた日本経済が1964年の東京オリンピックブームの余波で深刻な停滞期を迎えたときで、景気が急速に後退していきました。市況は悪化の一途をたどり、さすがの松下電器も1950年以来の初めての減収減益となりました。販売不振により松下電器製品の販売会社や代理店も赤字経営に陥るところが激増しました。

1964年7月、この深刻な事態を打開するため、松下本社と全国の販売会社、代理店のオーナーとの懇談会を熱海で開催しました。

よく知られる「熱海会談」です。

3日間にわたる会合では、熱い議論が続きました。経営が苦しくなっている販売会社、代理店のオーナーたちの間には松下電器本社に対する不信感が渦巻いていました。最終日、会長となっていた幸之助氏が突然立ち上がり、涙ながらに反省の弁を述べ、営業戦略の大転換を発表します。

「われわれが好況に慣れて安易感をもったことにも原因がある。販売会社の依存を責める前に、まずわが社自身が改めるべき点は改め、その上で販売会社にも求める点があれば率直に改善を求めて、危機を打開していくしか方法はない」

その後、松下電器は再び成長軌道に乗りさらに躍進を続けていきました。

この熱海会談を経た幸之助氏の決断と社内改革については**第66講**でまた詳しく述べますが、とにかく、幸之助氏のこのときの言動は、逆境に陥ったときリーダーはどう考えどう動くかということを教えてくれます。

冒頭の言葉は、今お話をしたように数多くの逆境に直面し、それらを乗り越えてきた体験から生まれた実感そのものではないでしょうか。

経営が順調なときは、改革や改善はやりにくいものです。順調だとどうしても安易な気持ちが生じ、問題が発生しても見過ごしてしまうようになります。ところが、いったん経営が困難になり逆境に陥ると、順調なときには気がつかなかったり、甘く受け止めていた課題がはっきりと見えてきたりするのです。そういう意味で、**逆境こそ、これまでの仕事の進め方を見直し、新たな組織に生まれ変わるための絶好のチャンス**といえるでしょう。

幸之助氏は、逆境にどう向き合うかについてこう述べています。

「逆境は尊い。しかしまた順境も尊い。要は逆境であれ、順境であれ、その与えられた境涯に素直に生きることである。謙虚の心を忘れぬことである。素直さを失ったとき、逆境は卑屈を生み、順境はうぬぼれを生む。逆境、順境そのいずれをも問わぬ。それはそのときのその人に与えられた一つの運命である。ただその境涯に素直に生きるがよい」

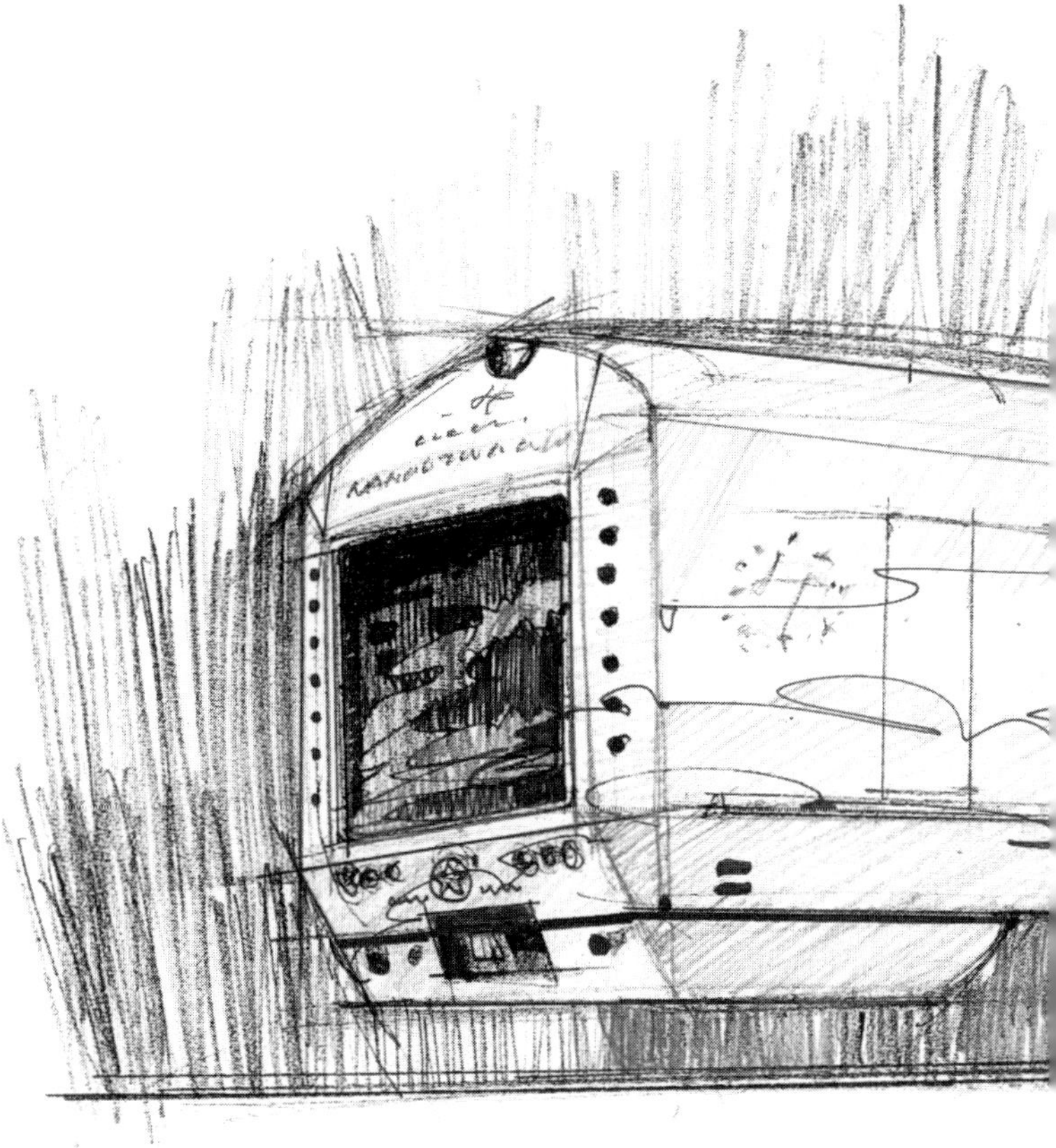

水戸岡鋭治さんは、ななつ星のデザインを
約3000枚のデッサン画をもとにつくりあげた。
これは最後尾7号車のデッサン。

第12講 逆境からのスタート

ＪＲ九州の発足時の経営状況は、悲惨なものでした。

１９８７年３月までは、全国一本の国鉄という組織が鉄道の経営に当たっていました。同年４月、国鉄の分割民営化により、ＪＲ北海道、ＪＲ東日本、ＪＲ東海、ＪＲ西日本、ＪＲ四国、そしてＪＲ九州の六つのＪＲ旅客会社と一つのＪＲ貨物会社が誕生しました。国鉄は清算され、保有していた鉄道路線はＪＲ各社に承継されました。

ＪＲ九州が引き継いだのは、九州内の鉄道路線だけです。そのほとんどが赤字ローカル線でした。会社発足初年度、１９８７年度の鉄道事業の収入が１１００億円に届かず、その営業赤字が約３００億円という惨憺たる状況でスタートしました。当時、鉄道以外の事業はまったく手付かずでその収益はほぼゼロに等しく、鉄道の赤字がそのまま会社の営業損失となりました。発足時に国から与えられた経営安定基金３８７７億円の毎年の運用益で赤字を補てんするというスキームで、なんとかぎりぎり経営が成り立っていました。

国鉄改革は、赤字ローカル線ばかり抱えた北海道、四国、九州を切り離し、東日本、東海、西日本の本州のＪＲ３社だけが生き残るために断行されたのではないか。あからさまにそういう見方をする人も少なくありませんでした。

霞が関の官僚たちも、本州のＪＲ３社（東日本・東海・西日本）には早期の株式上場を期待していました。実際、期待通りに発足から10年以内に３社とも株式上場を果たしています。

一方、北海道、四国、九州のいわゆる〝三島《さんとう》ＪＲ〟と屈辱的な呼び方をされた３社には、株式上場なんかまったく期待されませんでした。

北海道と四国はさておき、ここではわがＪＲ九州の話だけすることにします。

ＪＲ九州の株式上場なんて、到底あり得ないことと誰もが思っていました。それどころか、ＪＲ九州という会社は、いったいいつまで持つのかと、巷では、特に霞が関界隈では囁かれていたといいます。

ＪＲ九州は、このような状況でスタートしました。まさに、逆境の中からのスタートといえます。

では、ＪＲ九州はいつまで持ったのでしょうか。

霞が関界隈の当時の予想に反して、おかげさまで九州を拠点に元気に活動しています。次々に鉄道事業の改革を進め、スタート時にはほとんど手を付けていなかった鉄道以外の事業も大きく成長させました。そして、ついに発足30年目の２０１６年10月に、到底不可能とされていたであろう、株式上場を果たしました。

ＪＲ九州は逆境に負けず、レジリエンス（resilience）＝逆境力を発揮したのです。

第13講

危機感を持った若手の奮起

ＪＲ九州の会社発足初年度（１９８７年度）の経営状況は、売上が約１１００億円、営業赤字が約３００億円という惨憺たるもの。赤字のすべてが鉄道事業によるものでした。

今でこそ、ＪＲ九州は事業の多角化を成功させた企業との評価を得ていますが、当時は鉄道以外の事業の勉強を始めたばかりで、利益を計上できるにはほど遠いレベルでした。というのも、直前までの国鉄時代は、組織の中に「親方日の丸」意識が蔓延し、稼ごうとか経費を節約しようとかいう意識がまったくありませんでした。初年度は、そのまま国鉄の、しかも鉄道の赤字を引きずっていたわけです。

しかし、ＪＲ九州になって、すべての社員の意識が変わりました。目覚めたのです。

ＪＲ九州の初代社長の石井幸孝さんのリーダーシップによるところが大きかったと思います。石井さんは、「このままでは、ＪＲ九州は潰れてしまう。みんなで稼ごう。コストを抑えよう。新しいことにどんどんチャレンジしよう」と絶えず全社員を奮い立たせました。

トップが真剣に旗を振るから、私たち社員もみんな、ＪＲ九州の置かれた逆境を認識し強い危機感を持つようになりました。中間管理職だった私も、自分たちが頑張らなきゃＪＲ九州は野垂れ死にしてしまう、という意識を強く持つようになりました。

まずは、社を挙げて鉄道事業の改革に取り組みました。ありとあらゆる増収策を講じ、聖域なきコスト削減に努めました。また、全国の鉄道会社に先駆け、鉄道にデザイン重視の考え方を導入しました。

それと同時に、**鉄道以外の事業にも果敢に挑戦**していきました。みんな、会社が逆境にあることは強く認識していましたから、未知の世界に飛び込むことも躊躇しませんでした。繰り返しますが、国鉄時代は鉄道しか知りませんでした。鉄道しか知らない鉄道マンたちが、さまざまな仕事に飛び込んでいったのです。高速船事業、マンション販売、コンビニエンスストア事業、ベーカリー事業、外食業、広告事業、駅ビル事業、ホテル事業、警備業、介護ビジネスなど、次々に勉強し、事業化していきました。最近では、農業や海外での事業展開にまで進出しています。

鉄道以外の事業の取り組みに向け中心になって大きな力を発揮したのが、強烈な危機感を覚えた若手社員たちでした。もともとは、みんな鉄道マンです。駅員、運転士、車掌、保線係などの現場の若手社員たちです。彼らが奮起しました。新規事業のプロジェクトチームのメンバーを社内公募すると、我も我もと手を挙げて参加してくれました。顔触れをみると、いずれももともとは鉄道事業の職場でホープと目された若手社員たちでした。

私も会社発足からずっと、鉄道事業以外の新しい事業や企画に数多く関わってきました。ひょっとしたら、私もホープだったのかもしれません。

第14講　災害のたびに強くなる

九州は、災害大国です。

ＪＲ九州は、自然災害という逆境にもたびたび直面しています。

台風の通り道にあたり、毎年必ず三つか四つの台風が、九州に接近または上陸をします。今でこそ集中豪雨は時期にかかわらず全国至るところで発生しますが、20年ほど前までは集中豪雨といえば6月から8月上旬にかけてそれこそ文字通り集中的に九州が狙い撃ちに遭っていたものでした。最近さかんに聞かれる線状降水帯は、この季節の九州には当時からしばしば現れていたようです。

２０１６年には熊本地震が発生しています。

ＪＲ九州は、発足以来三十数年の間に何度となく大きな災害に見舞われ、そのたび各地の鉄道の線路が破壊されたり寸断されたり、鉄橋が流されたりトンネルが崩壊したりと甚大な被害を受けています。１９９０年には阿蘇地区の集中豪雨により豊肥本線が1年以上ストップし、１９９３年に鹿児島地区の水害と大分地区の台風により日豊本線と久大本線が数カ月間ストップする事態となりました。90年代といえば、まだＪＲが発足して間もなく、会社の経営基盤が脆弱だった時代です。

21世紀に入り、さらに甚大な被害を及ぼす災害にも遭うようになりました。特に2012年の九州北部豪雨による豊肥本線の壊滅的な被害はひどいものでした。阿蘇地区の坂の上トンネルが崩落し、トンネル内に流入した大量の水がトンネル内のレールを坑口の外に押し流しました。報告の写真を見ると、スパゲティ状のものがトンネル出口付近でとぐろを巻いて堆積しているのが見て取れました。現地調査に入ると、およそ1・5キロメートルのレールが、つまり硬い鉄の棒がぐにゃぐにゃに曲がって私たちの前に立ちはだかっていました。猛烈な水の力に虚脱して呻《うめ》く以外ありませんでした。

それ以降も、集中豪雨や地震が九州を襲い、豊肥本線、久大本線、日田彦山線などで列車の運行が1年以上も休止となったこともありました。記憶に新しいところでは、2020年7月の豪雨により肥薩線の2本の橋梁が流されるなど壊滅的な被害を受けています。

次々に災害に見舞われ続けたJR九州において、不幸中の幸いと考えるべきことが一つあります。いずれの災害においても、JR九州の列車や駅で怪我をされたりお亡くなりになった方がおらず、グループ社員からも死傷者が一人も出ていないことです。

災害のときには、お客さまと社員の命を守ること。まずそのことを当社は最優先に考えています。だから、災害後の復旧においても、早まる気持ちもぐっとこらえ安全が確認されるまでは当社社員が現場で作業に入ることはありません。このように**命を守ることを徹底**したことが、JR

九州という会社が災害からいち早く立ち上がるための力強い逆境力につながったと私は考えています。破壊されたり損傷を受けたりした設備が素早く改修または新造されるためにも必要な心構えだと思います。

何度も迫りくる災害を前に、当社は人も設備も災害前よりもはるかに強靱なものに生まれ変わり続けているのだと思います。

第15講　外食事業の再建

1993年3月。当時JR九州が直営で運営していた飲食店の仕事、つまり外食事業のリーダーになりました。

肩書は外食事業部次長。上司である部長は、本社の役員が兼務していましたので、私が実質外食事業部のトップリーダーという立場でした。

その以前から、この事業部が大変な状況にあることはある程度知っていましたが、着任後すぐに経営データを一目見て、想像していたよりもはるかにひどい数字に驚くことになりました。

1987年、JR九州は会社発足とほぼ同時に駅前や駅構内で、ラーメン店、うどん店、焼きとり屋、アイスクリーム店などの外食事業を直営で始めました。そこで働いているのは、全員、元鉄道マンです。当然、飲食店の経験はありません。食に対する心構えもできていません。国鉄は、接客サービスは「最悪」というレッテルを貼られて久しい組織でしたが、当時の外食事業部のお店でのお客さまへの応対もそれはひどいものでした。うまくいくわけがありません。

私が外食事業部に着任したのは会社発足から7年経過した時期ですが、外食事業部の状況は一向によくなっていませんでした。むしろ、悪化の一途をたどっていたかと思います。着任する前の年度、１９９２年度の外食事業部の数字を見ますと、50店ほどで売上が25億円とまあまあの数字でしたが、営業赤字がなんと8億円。まったく事業の体をなしていません。

１円でも黒字は黒字。１円でも赤字なら、天国と地獄ほど差があるもの。

私は今、経営者としてそのように考えるようになりましたが、当時のことを思い出すたびに、よくもその後ここまでやってこられたものと思います。

ＪＲ九州自体も発足時は鉄道事業だけの会社でしたが、発足と同時にさまざまな事業に乗り出し、各事業がそれなりに育ってきていました。しかし、外食事業だけは一向によくならなかったのです。社内では、外食事業が民営化後の大きなお荷物になっていると囁《ささや》かれていました。

幸か不幸か、そんな赤字事業の、お荷物事業部の責任者となってしまったのです。

幸か不幸かといいましたが、結果からいいますと幸のほうでした。意識改革と黒字化を目指す中で、現在のななつ星につながる大きな学びを得た機会となりました。

次長就任3年目、外食事業部は黒字になりました。黒字額は１０００万円。

翌年の１９９６年4月に同部をまるごと分社化し、ＪＲ九州１００パーセント出資のＪＲ九州フードサービスという子会社にしました。初代社長には私が就任しました。当時のＪＲ九州グループでは最年少の43歳の新社長となりました。

では、どうして8億円の大赤字だった外食事業が黒字になったのでしょう。

黒字化の要因はいくつかありますが、一番の力になったのは、危機感の共有です。

外食事業に従事する全員が、経営陣から店長や店舗のパートで働いていた地域の女性の一人ひとりに至るまで、自分たちの仕事を赤字で失うかもしれないという危機感を共有したことです。

共有の仕方は至ってシンプル。一つひとつの店舗で1日ごとの売上目標をみんなで認識し、100円、10円単位の数字の積み上げをみんなでめざしたことでした。

数値目標を細かく共有することで、企業として驚くほどの逆境力を獲得したのです。

第16講

蒲島さんとアッコさん

蒲島郁夫氏は、高校卒業後地元の農協に就職しましたが、2年ほどで辞めてしまいます。蒲島氏は、少年時代から「政治家になること」「小説家になること」「牧場を経営すること」という、とんでもない三つの夢を抱いていました。

農協を辞めた後、一大決心をして1968年に農業研修生として渡米しました。

和田アキ子さんが、「星空の孤独」でレコードデビューしたのが同じ68年です。

蒲島氏がアメリカの牧場で(蒲島氏の言葉によりますと〝農奴のような〟)過酷な労働に耐えていたのが69年です。その年、アッコさんは2枚目のレコード「どしゃぶりの雨の中で」をヒットさせました。蒲島さんの当時の生活は、まさにこの曲名通りだったことでしょう。

大学の短期の農業研修を受けたことで学問に目覚めた蒲島氏は、苦学の末に1971年ネブラスカ大農学部に入学しました。将来の灯りがやっと見え始めてきました。

1972年、アッコさんは大ヒット曲「あの鐘を鳴らすのはあなた」で日本レコード大賞最優秀歌唱賞を獲得しました。孤独な人生の中でも夢と希望を失わない人生賛歌として、今も多くの人に愛され、歌われ続けている名曲です。

同大卒業後、少年時代にみた、「政治家になる」という夢を叶えようと、ハーバード大学大学院政治学科に進みました。猛烈に勉強をして、１９７９年に見事博士号を取得しました。

蒲島氏とアッコさんの間に現在のところ接点はありません。お二人が意図することなく、まったく偶然に、蒲島氏はアッコさんの曲のように生き、アッコさんは蒲島さんみたいな人生を歌っているのです。

２００８年、蒲島氏は熊本県知事に初当選しました。長年の夢が叶った瞬間でした。あっという間の４年後の２０１２年、２期目も大差で当選しました。そして、２０１６年、３期目も危なげなく当選しました。

しかし、３期目当選の歓喜もつかの間、当選直後の４月14日、16日に熊本地震が発生しました。両日とも震度7という最大級の地震で、その後も震度４以上の余震が１カ月以上続き、熊本、大分両県を中心に広範囲に甚大な被害が出ました。家屋倒壊や土砂災害などにより熊本県内だけでも10万以上の人が長期間の避難生活を余儀なくされました。

蒲島氏は地震発生と同時に災害対応の陣頭指揮を執りました。知事の迅速かつ的確な行動は、県内外から高い評価を受けました。

「こんな大災害のときに蒲島知事でよかった」という県民のコメントが新聞やテレビに紹介されました。このコメントが、あのアッコさんの大ヒット曲「あの鐘を鳴らすのはあなた」の歌い出しの文句、「あなたに逢えてよかった」にダブって聞こえます。ちなみに、蒲島氏が選挙の演説会で壇上に上がるときに流れる登場曲は「あの鐘を鳴らすのはあなた」です。

蒲島氏の著書のタイトルが『**逆境の中にこそ夢がある**』です。タイトルがそのまま彼の人生にあてはまります。その本の序章でこう述べています。

「私はその『夢』を本気で信じていた。もちろん、私のような貧乏人の落ちこぼれにでもできるのだから、誰にでも夢は見られるはずだ。しかし、ほとんどの人が、この夢を夢のままで終わらせてしまう……。では、そのような人たちと私が違うところは何なのだろうか。1つだけある。私は、そんな夢に対して、一歩だけ前に踏み出すことができた。この『一歩』を踏み出せるかどうかで、人生は大きく変わる。今の私があるのは、この一歩のおかげなのである。私はどんな人生にも、最低、5度の大きなチャンスが潜んでいると信じている。そこで一歩前に踏み出すかどうか――それが人生を大きく変えるのである」

第17講 危機感は共有すべし

逆境を前向きに捉え、チャンスと見てそれまで以上に力を発揮するリーダーがいいリーダーといえます。逆に、逆境がリーダーを育てるともいえます。

リーダーは、逆境をバネにし、乗り越えなければいけません。それを「逆境力」といいます。仕事において受けたストレスをなかったことにするのではありません。ストレスに直面した際、そのストレスをきっちりと受け止めたうえで、跳ね返したり、適応したりしなければいけません。

しかし、リーダーの役割としては、それだけでは十分とはいえません。

私がJR九州の外食部門を再建することができたのは、私一人の逆境力だけではありません。外食事業に従事する全員が、このまま大赤字では大変なことになる、事業自体がなくなるかもしれない、という危機感を共有したことが一番の力になりました。

では、逆境でなく順調な経営が続いている会社はどうすればいいのでしょうか。逆境をバネにすることができません。

実は、**経営が順調だという認識が最も危険**なのです。

一見順調に来ていると思える会社においても、よく見ると逆境の芽があちこちに出てきています。直近の業績が悪くなくても、社会全体の構造的変化が急速に進む中で、将来もこのまま順調にやっていけると考えることのほうが危険です。問題の芽が一気に膨らみ、新しい敵が突如として目の前に現れてくることでしょう。穏やかな天候だと安心していると、いきなり嵐がやってくるようなものです。

どの企業も、つねに逆境に陥る可能性を持っています。

チキンラーメンを開発した、日清食品の創業者・安藤百福氏はこう述べています。

「順調なときほど危機が訪れる。問題ないと考えること自体が問題である」

優れたリーダーは、つねに逆境下にあるという意識をなくしません。また、その意識を組織内で共有することを心がけています。

今、優良企業といわれる企業の歴史を探ると、大半の企業が逆境を経験しています。

のちにアサヒビールの社長になった荻田伍《ひとし》氏は、赤字続きだった子会社のアサヒ飲料社長となり、自らの陣頭指揮のもと見事に同社の再建を果たしました。荻田氏は、その秘訣をこう語ります。

「社員に会社の苦境をしっかりと認識してもらうことが一番大事だ」

逆境下にあるかどうかではなく、逆境の中にいるという意識を組織全体で共有することが大事なのです。

tea time

第18講 お茶目なレーガン大統領

このあたりで一回めのティータイムとします。コーヒーでも飲みながら肩の力を抜いて聴いてください。

リーダーは、よくジョークの対象にされます。特に、一国のトップともなれば、ジョークの格好のネタになります。

アメリカのレーガン元大統領は、ネタ元としてもかなりモテましたが、自身も**ジョークの達人**として有名です。おそらく、アメリカの大統領の中では断トツではないでしょうか。二つ三つ紹介しましょう。

在任中、首都ワシントンで銃撃されたレーガン氏が病院に搬送されました。胸部に受けた銃弾を摘出する緊急手術を受けることになったのです。ストレッチャーに乗せられ手術室に運ばれました。事態は、生きるか死ぬかの大変な状況です。手術室に入ったレーガン氏は、装着していた酸素マスクをはずし、執刀する医師たちを見上げて一言つぶやいてニヤッと笑いました。

「みんな、共和党支持者ってことで大丈夫かな」(I hope you are all Republicans.)

いや、上手ですね。

もちろんレーガン氏は共和党の代表です。緊迫した場面での一言に、その場の医師も看護師もどっとウケたそうです。

「全員、共和党員です。ご安心を」と答えた執刀医が、実は民主党員だったというオマケも付いていたとか。

大統領選挙中、レーガン氏がテレビ討論会で高齢であることを問題にされました。そこで、レーガン氏が言いました。「私はこの選挙戦で、年齢のことを問題にするつもりはない。政治的な目的のために、相手の若さと経験のなさを利用するつもりはない」と答えたという話です。これも見事ですね。

自身を皮肉るジョークもあります。

レーガン氏が、海軍兵学校で将来の海軍のエリートたちを前に演説をしました。

「諸君、アメリカ大統領には、毎日、秒単位で世界各地からたくさんの情報が入ってくる。大統領は、それらを瞬時に判断して適切な指示を与えなければいけない。そのために、大統領には特に必要な資質があります。私は、その資質を十分すぎるほど持っています。第一に、抜群の記憶力です。そして第二に……うーんと、(横のスタッフのほうを見て)何だっけ?」

お前が記憶力ないやんか。

思わず突っ込みたくなるこの話は、実はレーガン氏得意のジョークの一つだったといわれています。こういう茶目っ気が、レーガン大統領が2期8年の在任期間中、ずっと高い支持率を維持した理由のひとつでしょう。

第三条

夢をみる

第19講 夢は方向を示す

リーダーの役割は、組織（集団）の目的を達成するために組織（集団）を動かすこと。すなわち組織を構成するメンバーを動かすということです。

その際、メンバーがばらばらな方向に向かって動いても目的の達成には至りません。メンバーがどの方向に動くべきかを示すことがリーダーの最大の役割です。リーダーは、組織の進むべき方向を明確に示さなければいけません。

示すべき方向の中には、夢（ビジョン）と目標、この二つが含まれます。

辞書を引きますと、「夢」は「将来実現したい願い、理想」とあります。また、「目標」は「行動を進めるにあたって実現、達成をめざす水準」とあります。

ワールドカップに日本代表として過去3大会出場を果たしているプロサッカー選手の本田圭佑氏が、公式ツイッターで夢と目標の違いについて語っています。

「僕の中では夢と目標は明らかに違う。そしてほとんどの人が夢を持てていない。目標は今の自分でも頑張れば実現できるターゲット。夢は今の自分では頑張っても不可能なターゲット。子供だけでなく大人が新たに素晴らしい夢を持つことが出来れば世界はもっと素晴らしくなるはず」

夢は、現実の世界ですぐに実現して目の前に現れたり、手で触れたりできないものです。もう一つの目標は、英語でいうと「ゴール」であり、自分で具体的に行動を起こして実現させることが前提となっています。

本田氏が言うように、自分の将来に夢を抱く人はあまり多くありません。途方もない夢をみても到底実現しそうもない、と最初からあきらめているのでしょう。

ビジネスの世界でも、スポーツの世界でも、大きな夢を抱いた人のほうが大成功しています。リーダーは、組織の進むべき方向を示さなければいけません。その際、まずリーダーが思い描く夢を語ることが大切です。次に、その夢を実現するために具体的な目標を設定し、実行計画を策定することが求められます。

京セラの創業者、稲盛和夫氏は夢についてこう語ります。

「夢を持つことは、とても大切なことです。まず、夢がないことには、人間は人生を漂流してしまいます。ちょっとした困難にも立ち止まってしまいます」

幕末の思想家、吉田松陰は夢と成功を結びつけています。

「夢なき者に理想なし、理想なき者に計画なし、計画なき者に実行なし、実行なき者に成功なし。故に、夢なき者に成功なし」

第二条で「逆境をバネにする」と述べましたが、バネにするだけでは足りません。そこから何をめざすのか、どの方向に向かって進むのかがわかりません。

逆境の中でこそ、夢をみることが欠かせません。もちろん、逆境でない場合でも、つまり**順調に来ているときも夢を持たなければ**いけません。さもないと、どの方向に進めばいいかわからないから、稲盛氏の言うように、組織は「漂流」してしまいます。

松下幸之助氏は、1958年、63歳のときにビジネス誌の中で次のように述べています。

ぼくは人はすべて希望を失ってはいけない、いいかえると、明日に夢を持てといいたい。この夢を持つということが人生において、どんなに大切なことかわからないと常々考えている。

ぼくは昔から、非常な夢の持ち主である。だから早くいえば、仕事も一切夢から出ているわけだ。よく人から「あんたの趣味は何ですか」と聞かれるが、ぼくは「私は趣味はないですな、ま、しいていえば夢が趣味ということになりますかな」と答えることにしている。

実際、夢ほどすばらしいものはない。空想は幾らでも画けるし、きりはない。広い未開の地にいって、そこの開拓王になることだってできるし、大発明をして社会に非常な貢献をすることもできるし、あるいは巨万の富を持つことも夢では成り立つ。ぼくみたいに芸のないものは、夢でも画かんことにはしようがないかもしれないが、そういう意味で空想もまた楽しいものだと思っている。これをぼくの夢哲学とでも名づけようか。


実際、幸之助氏の人生は、絶えず夢を描き、それを追い求めた軌跡でした。

松下電器を創業して十数年経ったころ、従業員に「産業人の使命は、物資を水道の水のごとく安価無尽蔵に供給して、この世に楽土を建設することである。この真使命を二百五十年かけて達成しよう」という壮大な構想を訴えています。これが社員を奮い立たせ、松下電器は驚くべきスピードで発展していきました。これこそ夢の力といえるでしょう。

京セラの創業者・稲盛和夫氏は、夢についてこうも述べています。

「夢に酔っていればこそ、それを実現させる情熱が湧いてくるのです」

日本電産の創業者・永守重信氏は夢についてこう述べています。

「皆、夢を見なさすぎだ。大きな夢を見て、一心不乱に努力する。そうすればここぞと思ったら摑みかかることができる」

夢をみましょう、夢を語りましょう。

第20講　夢はでかく

途方もなくでかい夢を掲げ、それに向かって努力することで、その組織が強くなり大きく成長します。夢が大きければ大きいほど実現が困難になりますが、だからこそ実現がたやすい夢よりもはるかに大きな力を発揮するようになるものです。

古代ローマの五賢帝の一人と称されるアウレリウス皇帝は、夢について述べています。

「大きな夢をみよう。大きな夢だけが人の心を動かす」

私も「ななつ星」という豪華列車を走らせる構想をぶち上げたとき、「世界一の豪華列車をつくろう」と大風呂敷を広げました。するとどうでしょう。そのプロジェクトに関わった人たちは、「世界一」という言葉にみなわくわくしました。そして熱く燃えました。「世界一」に夢と希望と誇りを託してくれました。ものすごい量のエネルギーをななつ星に投入してくれました。**でかい夢には魔力がある**ことを知りました。

本田宗一郎氏は、１９４８年の創業時からでかい夢を抱いていました。世界一のオートバイメーカーになるという夢です。創業間もなく、宗一郎氏は、小さな工場の一角に従業員を集め、自らリンゴ箱の上に立ち、檄を飛ばします。

「世界一じゃなきゃ日本一じゃない」

当時は、やっとオートバイの1号機を世に出したばかりで、従業員はみな度肝を抜かれたようです。しかし、その後のホンダの躍進を見ると、宗一郎氏の「世界一」という言葉に向かって突っ走ってきたように思えます。宗一郎氏の言葉は、今もホンダのDNAとして受け継がれていま す。ホンダには、HONDAイズムと呼ばれている行動理念があります。その7番目に掲げられているのが、「世界一じゃなきゃ日本一じゃない」です。

孫正義氏は、1981年に今のソフトバンクの前身の会社を立ち上げました。創業初日、孫氏は、ミカン箱の上に立ち二人のアルバイトを前にして、途方もない夢を語ります。

「諸君、わが社は売上が5年後に100億円、10年後に500億円になります。そして30年後には、豆腐屋のように、売上を一丁(1兆円)、二丁(2兆円)と数えるような会社にします」

聞いていた二人のアルバイトは、ぽかんと口を開けて、「何を言ってんだよ、この人は」というような顔をして、2日後には二人とも辞めていったそうです。

アルバイトのほうがいたってまともです。孫さんが無茶なことを話したと見るのがふつうでしょう。しかし、結果は孫さんの言う通りになりました。

創業から30年後、すなわち2011年度のソフトバンクグループの決算を見ると、なんと、売上が3兆2000億円、営業利益が6700億円ですよ。一丁、二丁ではなく三丁ですよ。大きな豆腐屋になったものです。

孫氏は、のちに若者たちに語っています。

「これまでの会社経営で一番学んだことといえば、やはりまず志を大きく持つこと。それを非常に強く真剣に思って、なおかつそれに向って努力していけば、方法論や道はおのずと開けてくると実感しています。思いの大きさ、強さ、方向性、それが一番大切です」

ここでもう一つだけ、念のため付け加えておきます。

夢を語るときはリンゴ箱かミカン箱を用意したほうがいいかもしれません。

第21講
黒字は最小限の夢

ＪＲ九州の外食事業が、逆境力で大赤字から抜け出し、黒字になったということは前に述べました。

では、どのようにして赤字から抜け出すことができたのでしょうか。

最大の要因は、二つあります。一つは、赤字という逆境を、私も店長や従業員たちもみんなが強く認識したことです。このままでは、事業が潰れてしまう、職場がなくなってしまう、という危機感を共有したことです。

もう一つが、夢をみたことです。

どんな夢か。企業にとっての最小限の夢です。そして、その夢は必ず実現しないといけない夢です。それは、事業を黒字にするということです。

企業は、黒字でないと存続できません。存在する意味がないのです。

企業の赤字は、罪悪です。2、3年ならあり得ても、それ以上長期間の赤字は、社会からも見捨てられます。ですから、企業にとって、**黒字にするというのは、必達しなければいけない最小**

限の夢なのです。

外食事業部に着任したばかりの1993年4月、年に1度もたれていた「店長会議」で、私は壇上で初めて約50人の店長たちの前に立ちました。店長らみんなは、新任の次長は何を言いだすのかと興味津々の目で私を見つめています。ただ、彼らの表情は、社内の他の事業部などからいつも「外食事業は大赤字が続いていて、JR九州のお荷物になっている」と非難されていることを知っているのか、けっして明るくはありませんでした。そうした落ち込んだ雰囲気の中で、新任のあいさつを始めました

「私たちの外食事業部は、JR九州の発足とほぼ同時にスタートしました。みんな素人ばかりで取り組み始め、見よう見まねでここまでやってきました。しかし、残念ながら赤字です。大赤字です。昨年度の決算を見ますと、売上が25億円で、営業利益が、いや利益ではありません、営業赤字が、なんと8億円です。売上の3分の1が赤字です。毎日200万円以上の赤字を垂れ流しているのです」

店長たちの中には、一瞬あ然とした表情を浮かべる人もいましたし、なぜかニヤニヤ笑っている人もいました。

今まで、そんな数字をきちっと知らされていなかったのかもしれません。あるいは、赤字の額があまりにも大きすぎて実感が湧かなかったのかもしれません。あるいは、自分と関係のないこ

とだと傍観者になっているのかもしれません。

「事業は、赤字のままではやっていけません。赤字のまま事業を存続することはあり得ません」

店長たちの反応は先ほどと大きく変化したとはいえませんが、少し会議室の空気が変わりました。多少は心に刺さった気がします。まずは危機感を持たせたい、という狙いが伝わったようです。危機感の共有のあとは、夢を語らなければいけません。

「私たちの外食事業部を、みんなで力を合わせて黒字にしましょう。そして、会社の中でも胸を張って堂々と歩けるような外食事業部にしましょう。わが外食軍団は、これから戦うのです」

文章にするとこんな風になりますが、実際には、黒字、黒字、黒字と何度も何度も言いました。

そして、繰り返し「夢」を強調しました。赤字会社にとって、黒字にすることが最低限の「夢」なのだ、その「夢」は、叶わなければ事業の存続もない、「夢」に向かって突き進むしかないと。


この店長会議を機に、店長たちの目の色が変わりました。自分たちがめざす方向を見つけたのです。明確になったのです。最小限だけど、自分たちの夢がはっきりと見えたのです。

翌日から、私は各店舗をまわり、店長一人ひとりと危機感と夢について語り合いました。それまで年に1回しか開催しなかった店長会議を毎月行うようにして、店長会議のたびに危機感と夢を語るようにしました。

そのうえで、店長会議を黒字にするための勉強会の場としました。

第22講 日本一記憶に残る

「東京に進出しよう」

ＪＲ九州フードサービス株式会社の社長に復帰して4カ月後の秋。店長会議で、約50人の店長を前にして、当時は誰も想像がつかなかった夢をぶち上げました。

話がいささか飛びました。

ＪＲ九州フードサービスというのは、**第15講**、**第21講**などで触れたＪＲ九州の外食部門を１９９６年に独立させ分社化したＪＲ九州の１００パーセント子会社です。

私は１９９３年ＪＲ九州外食事業部次長を拝命し、それまで大赤字だった外食部門を2年で黒字転換させました。そして、１９９６年にその外食事業部の店舗と従業員のすべてをＪＲ九州本体から切り離し、ＪＲ九州フードサービス株式会社に移したのです。私は、そのまま同社の初代社長になりました。

分社化1年目の１９９６年度の同社は、見事に黒字を計上することとなり、いいスタートを切ることができました。

初年度の決算を発表したあと人事異動があり、私はＪＲ九州本体の経営企画部長に異動しました。１９９７年６月のことです。それから３年間、経営企画部長としてＪＲ九州の経営戦略づくりとグループ会社の体質強化に（自分で言うのもナンですが、とはいえ自分で言わないと誰も言ってくれないので言いますと）辣腕を揮《ふる》っていました。

この間、手塩にかけたＪＲ九州フードサービスはどうなっていたかというと……。実は、私が社長を退任した１９９７年度に約１億円の赤字に転落していました。しかも、そこから３年連続の赤字を計上。３年間の累損３億円強という、押しも押されもせぬ〝立派な〟赤字会社となり果てていました。

確か２０００年３月ごろだったと思いますが、当時のＪＲ九州２代目社長の田中浩二さんと社長室で雑談していましたら、話が途切れたとき社長がぼそっとつぶやきました。

「唐池部長、また〝立派な〟会社に戻ってくれないか」

田中社長得意の軽い冗談だと思い、こちらも軽く返事をしました。

「ああ、いいですよ」

３カ月後の２０００年６月に、私は〝立派な〟会社の社長に返り咲いたわけです。

外食事業部に着任し、同事業部の８億円という膨大な赤字と対面し、店長たちといっしょになって黒字化に向けて取り組んだ日々から７年。再び赤字からの脱却という難題に立ち向かうことになりました。

難題、といいましたが、実をいうとすでに第15講、第17講などで触れたように赤字事業を黒字にするのはそれほど難しくないのです。

着任の翌月、さっそく店長会議を招集しました。懐かしい顔触れの人たちを前に、私は7年前の再現をしました。

「みなさん、3年ぶりに戻ってきました。これからまたみなさんたちと仕事ができることを嬉しく思います」

7年前とは何人かの店長が入れ替わっていて新顔の店長もちらほらいましたが、ほとんど知った顔ばかりでした。店長たちは一緒に外食事業を黒字にした同志だから、彼らの私を見る目が希望にあふれているような気がしました。店長たちの元気な顔を見て私もあらためて闘志が湧いてきました。

「今日は、夢について語ります。私たちは、今から夢に向かって進みます。夢といってもはるか遠くにあるものではありません。絶対に早期に実現させなければいけない夢です」

そんなものは夢と言わないでしょう、というツッコミもなかったため話を続けました。

「その夢が実現しないと、このJR九州フードサービスという会社もなくなってしまいます。私たちの最小限の夢、必達しなければいけない夢、それは当社を黒字にすることです。今年中に黒字にしましょう」

翌月の店長会議では、もっと大きな夢を語ることになります。

この4年前の1996年にJR九州の100パーセント子会社としてJR九州フードサービス株式会社が発足し、私は初代社長に就任しました。それに際し同社で発行していた社内報「FSだより」5月号に、こんな社長メッセージを寄せました。

「社員、クルーのみなさん。毎日ご苦労さまです。会社が発足して1カ月が経ちました。おかげさまで51店舗のほとんどが地域一番の評判をいただいています。これからわたしたちは日本一をめざします。お客さまの心の中にいい記憶の残るお店。それも日本一いい記憶の残るお店をつくりましょう」

我ながらよくぞ言ったと思うのは、当時の段階で〝日本一〟をめざしたことです。

同じころ外食業界のトップには、売上日本一を誇るマクドナルドが君臨していました。2020年の時点でマクドナルドは同3位に位置していますが、80年代、90年代は圧倒的な首位をキープしていました。当時、売上がわがフードサービスの100倍以上ありましたから、よもや日本一などとはおこがましいことこの上なかったわけですが、それでもやはり〝日本一〟を夢に掲げたいと思いました。そこで**「日本一記憶に残る店」**としたわけです。

社長に復帰したあと、7月の店長会議で「黒字化」という最小限の夢を語り、8月の店長会議でその4年前の自身の社長メッセージを引用し、「日本一」という夢を語りました。そのように発展的に夢を語った背景には、社長に復帰して、各店舗の月次決算が急速に改善していった確かな手応えがありました。店長たちが夢を確認し、夢に向かって動き始めてくれたのです。

そして、10月の店長会議で、冒頭の夢をぶち上げました。

「東京に進出しよう」

第23講　夢みる力で

２０００年10月の店長会議で東京進出の旗を掲げるも、店長たちは〝半信半疑〟の顔つきでした。いや、〝ゼロ信全疑〟だったかもしれません。そのときは、店長の誰一人、東京に出店するなんてことをまともに受け止めることはできなかったでしょう。

そりゃ、そうです。

月次決算は７月からよくなってきたもののまだまだ赤字状態が続いていました。業績資料として表に出る数字を見ると、そのころはかなり改善したとはいえ、まだまだ赤字から完全に脱却できたとはいえません。

しかし、私は確信を持っていました。そのまま行けば必ず当期は黒字になるという手応えを感じていました。そこで、「黒字化」の次の夢として、「東京進出」をぶち上げたのです。

「黒字化」は本来の夢ではなく、事業として会社として絶対に達成しなければいけないものであり、使命であり義務です。一方でみんなが憧れる、しかし実現にはいささか遠い、本当の夢が必要でした。夢みる力で会社を動かしたいと考えたのです。

店長たちは、「社長は、また大ぼら吹いている」とあきれていましたが、構いません。私は営業本部長と企画課長の３人で夢の実現に向けて行動を開始しました。東京進出の旗を揚げた翌月11

月には、東京に出向き、店舗物件を探し始めていました。

「兵は拙速を尊ぶ」という『孫子』の教えを実践したわけです。物件探しから早々に2日目にして「これは！」という物件に出合いました。オーナーは、なんと、当時歌舞伎界きっての人気役者、市川猿之助（現・猿翁）さんでした。聞けば、猿之助さんが若いころに住んでいた屋敷だということ。東京・赤坂見附のその敷地の前で、すぐに契約を決めました。

賃貸借契約の交渉も滞りなく進み、年が明けて2001年2月、晴れて猿之助さんと初めて対面を果たします。

料亭の座敷で会話が弾み、ほどなく打ち解けるうちに猿之助さんから、ありがたいお誘いがありました。

「もうすぐ新橋演舞場で舞台に出ます。演目は、『スーパー歌舞伎・三国志』ですが、観に来ませんか」

舞台当日。

芝居が佳境に入り、猿之助さん演じる諸葛孔明がこれから進むべき道を朗々と語ります。

「私たちは、劉備玄徳様をお支えし、夢みる力で……！」

『三国志』のヒーローが「夢みる力」と力強く語っているではないですか。

店長会議で自身が語った言葉とダブるこのセリフに、私はある確信を得ました。

そのときから、私は「ビジョン」とか「展望」とかの言葉を使わなくなりました。つねに、「夢みる力」と言うようになりました。

その後も、交流を深めさせていただいた猿之助さんからあるとき提案がありました。

「今度のお店づくりを手伝ってもいいですよ」

それから1年後の２００２年２月２日、ＪＲ九州フードサービスの東京進出1号店「赤坂うまや」が誕生します。

はたして、「赤坂うまや」は贅沢な店づくりとなりました。

猿之助さんが若いころ居住していた屋敷を取り壊し、更地にしたうえで新たに3階建ての建物をつくることとなり、1階と2階を店舗として当社が賃借し、3階は猿之助さん一門の澤瀉屋《おもだかや》の役者さんたちの稽古場にすることになりました。

今も同じ場所で元気に営業している「赤坂うまや」は、**夢、夢と語り続け**、夢を懸命に追い続けた「夢みる力」が引き寄せた成果だったと思います。

第24講　上京物語

ちょっと懐かしいヒット曲ですが、私はシャ乱Qの「上・京・物・語」という曲が好きで今でもときどきカラオケで歌います。

タイトルの通り、歌詞がそのまま物語＝ドラマになっていて、ぐっときます。夢をみて夢を叶えるために地方から東京に旅立つ若者をその恋人が、おそらく駅のホームでしょう、黙って見送る。若者も恋人と別れたくないが、夢を叶えるためにやむを得ず恋人を振り切って東京に向かう。そして、最後のところに来て、「いつの日か〝東京〟で夢叶え　僕は君のことを迎えにゆく」と決めるわけです。

この曲が出る1994年ごろまでシャ乱Qは、メジャーデビューを果たしたものの、なかなかヒット曲が出ず1年以上を過ごしたといいます。そして、次の曲がヒットしなければレコード会社との契約も解除となり、そのまま解散というところまで追い詰められます。そんな状況の中、背水の陣の気持ちでリリースした曲がこの「上・京・物・語」なのです。

私の中では、名曲ベスト10に入る曲です。

夢を追いかけて上京した若者は、大阪のシャ乱Qだけではありません。福岡にも数多くいます。スターになることを夢みて上京しようとする音楽好きの息子に、母親が強烈だけど愛情あふれる博多弁で激励する海援隊の「母に捧げるバラード」。デビュー当時の武田鉄矢さんのこれもまた背水の陣の勝負曲です。歌詞の大部分が武田さんを叱る母イクさんのセリフで、武田さんの人生そのものを語っています。

福岡から上京して頂点をめざすという意味では、福岡の飲食店経営者にも同じような強い志を持った人が次々と現れています。

今から15年ほど前のこと。

「今度、東京に出店しようと思います」

当時よく通っていた焼きとり屋の店長は、手際よく鶏の手羽先を焼きながら、目を輝かせて言いました。福岡の繁華街近くに開店し、あっという間に地域一番店になりました。この店の豚バラは絶品です。えんどう豆の串揚げは女性客に大人気。店員はみな元気で明るく、接客サービスも行き届いています。店のしつらえもおしゃれで、カウンターも椅子もぴかぴか。

このお店「焼とりの八兵衛《はちべえ》」の店長として目を輝かせていた八島且典《やしまかつのり》さんは、今や東京をはじめホノルルやバンコクにも店を構える、大ヒット店の社長です。

焼きとりに限らず、福岡で成功した飲食店の経営者は共通の夢をみます。

「東京に進出しよう」

「日本一をめざそう」

90年代には食通から〝日本一の居酒屋〟と称された伝説の店「たらふくまんま」が都内で話題をさらいました。

テレビの特番で何度もラーメン日本一の栄冠に輝いた「一風堂」の河原成美《しげみ》さんは、海外と国内を行ったり来たりしながら、福岡のみならず日本の外食産業を先導する存在です。実は先の「八兵衛」も、現在東京都心で有名店となった「田中田《たなかだ》」や「二〇加屋長介《にわかやちょうすけ》」も、河原さんに教えを請うたフォロワーです。

「**輝く日本の星**となって帰ってこい」

イクさんのセリフが、こうした上京組への最高の〝贈る言葉〟のように響きます。

第25講
九州新幹線は夢のまた夢

国鉄の分割民営化により、1987年、JR九州が発足しました。

前に述べたように、逆境下のスタートとなりました。その中で、私たちは二つの大きな夢をみました。当時は、到底実現できないだろうと思うような大きな夢でした。

一つは、九州にも新幹線を走らせたいというものです。JR九州も、JR東日本やJR東海、JR西日本と同じように新幹線を運行する会社になりたいという願望です。

当時、新幹線は、東京から西に向かう路線として、東京・新大阪間の東海道新幹線と新大阪・博多間の山陽新幹線がありました。みなさんも知っている通り、東京から博多まで一つの線路で結ばれています。JRが誕生したとき、東海道新幹線をJR東海が、山陽新幹線をJR西日本が、それぞれ運行を管轄することとなりました。

国鉄の分割のとき議論があったのは（実際にはそれほど議論はなかったのですが）、山陽新幹線の中の九州内の小倉・博多間をJR西日本、JR九州のどちらが持つべきか、ということで、あっさり決まりました。山陽新幹線一本として、九州内の小倉・博多間も含めてJR西日本が持つことになりました。

これによりJR九州は、新幹線を持たないJRとしてスタートすることになりました。

そこで、私たちは「整備新幹線」に一縷の望みを託しました。

整備新幹線とは、1970年に成立した全国新幹線鉄道整備法にもとづき1973年に整備計画が構想された新幹線のことを指します。当時の九州の政財界からの強い働きかけもあり、計画される四つの整備新幹線に「九州新幹線」も含まれることになりました。しかし、国鉄が大赤字であったことや国の財政を理由に、整備新幹線は四つとも建設がなかなか進まずにいました。

そうした状況の中で、JR九州は発足しました。私の中でも「JR九州が新幹線を持つことは叶わぬ夢か」と半ばあきらめの気持ちも正直ありました。

しかし、九州の発展のためにぜひとも九州新幹線の建設を促進してもらいたいと、自治体や経済界、住民ら九州挙げての建設促進運動が展開されました。JR九州の私の先輩である役員や社員らも新幹線という夢に向かって大変な努力をしました。

その甲斐あって2004年ようやく着工が正式に決まりました。九州の人たちの悲願であった、そしてJR九州の夢であった、九州新幹線がその実現に向けて大きく動きだしたのです。

そして2011年3月、九州新幹線全線開業となりました。

整備計画から38年。JR九州発足から24年。九州の、そしてJR九州の、**叶わぬと思っていた大きな夢が大輪の花を咲かせた**瞬間でした。

もう一つの夢は次の**第26講**で述べていきます。

そして、新幹線開業前日に大きな出来事が発生し、晴れ晴れとした全線開業とはいかなかったことも、少々あとになりますが**第68講**で述べることにします。

水戸岡さんは、ヨーロッパの豪華列車視察の際、
メジャーとカメラで寸法、素材、装飾を徹底リサーチ。
この渾身の力を込めたインテリアデッサンにつなげた。

第26講

株式上場という夢

ＪＲ九州発足時のもう一つの夢は、株式上場を実現したいというものです。いわゆる「国鉄改革法」により国鉄の分割民営化が実施され、株式会社としてのＪＲ各社が誕生しました。

１９８７年のことです。当初は、ＪＲ各社の全株式を国が保有していました。この「改革法」の純粋な目標は、ゆくゆくＪＲ各社の株式がすべて売却され、国の関与のない純粋な民間会社が次々とつくられることでした。

改革の旗のもとで号砲一発、ＪＲ東日本、ＪＲ東海、ＪＲ西日本の本州三社は、超優良企業としてスタートを切りました。

そりゃあそうです（！）北海道、四国、九州といった赤字ローカル線だらけの地域を切り離し、首都圏、名古屋都市圏、京阪神都市圏といった人口密度の高いエリアで黒字路線を中心に経営していく本州三社は、当然高い収益力が見込まれます。

おまけに、本州三社とも、ドル箱の新幹線を持っています。初年度から大黒字になることは容易に想像できました。また、「改革法」の狙いである株式上場についても、本州三社はすぐにもできるだろうと思われていました。実際、その通りにこれら三社はいずれも発足から10年以内に株式上場を果たしています。

一方、ＪＲ九州は、**第12講**でも述べたように、初年度約３００億円という営業赤字を計上するような逆境の中のスタートでした。株式上場なんて夢のまた夢。それどころか「ＪＲ九州はいつまで持つか」と霞が関その他で囁かれていたくらいですから、上場は到底不可能と思われていました。

それでも、私たちはなんとか早期にＪＲ九州の株式上場を実現させたいと、あり得ないと思いながらも、**勝手に夢をみました。**

本州三社の上場を横目に見ながら、自分たちの夢に向かってひたすら経営改革に打ち込みました。時おり襲ってくる自然災害にもめげず、精一杯知恵を出し、汗を流しました。徐々にではありますが、営業黒字に近づいていき、ついに２００３年度に連結決算で営業黒字となりました。２０１５年度には、営業黒字が２００億円を超えました。

私が社長に就任したとき（２００９年６月）の中期経営計画には、目標として「上場に向けた経営基盤の確立」と一応唱えてはいましたが、具体的なものはなく漠然としていました。

私が当社の4代目の社長に就任して、２０１１年春に自らつくった中期経営計画には「２０１6年度の株式上場の実現」とはっきりと表現しました。

それまでは、上場の実現というところまで踏み込まなかったのですが、私は断固として「２０

16年度」という〝〆切〟と「上場の実現」という言葉を入れました。

はたして、2016年10月25日、JR九州は東証一部に株式上場を果たしました。不可能といわれた夢が30年目にして大願成就したわけです。

第27講　世界一は人を動かす

ＪＲ九州の社長に就任した２００９年６月。

2年後の11年春には、九州新幹線の全線開業が控えていました。その準備もいよいよ詰めの段階に入り、本社の鉄道事業本部の各部をはじめ駅や運転区所などの現場も大忙しとなっていった時期です。社長就任から１週間経ったとき、鉄道事業本部の主だった部長を集めて以前から密かに温めていた思いを語りました。

「みんな、九州に世界一豪華な寝台列車を走らせようじゃないか」

きょとん。

みんな、何を言いだすやらというような怪訝な顔で私を見ています。

新幹線開業まで2年もないというこの時期に、よくもまあ社長は悠長なことを話しているなあ、というようなあきれた表情でした。

みんなの反応を無視して話を続けました。

「九州新幹線の開業は、ＪＲ九州にとって会社発足以来の悲願である」

「開業により私たちの夢がようやく叶う。このことはとても喜ばしいことだ」

「しかし、夢が叶うということは、夢がなくなるということなのだ。新幹線の次の夢をみようではないか。世界一の列車を走らせよう」

夢が叶うことは、夢がなくなる。おそらくこの言葉は真理でしょう。夢が実現したときは、達成したという充実感が湧き上がってきます。しかし、しばらくすると、めざすべき夢がなくなったことに気づきます。これから何をめざせばいいのかわからないという虚脱状態に陥るかもしれません。そこで、次なる夢をみようと呼びかけたわけです。

それも「世界一」という、大風呂敷ともとれるような、でかい夢をぶち上げました。

部長たちに宿題を与えました。

「各部で勉強してもらいたいことがあります」

九州に豪華な寝台列車を走らせるために考えられる課題や問題をすべて残らず調べ上げよ。そう指示を出すことも心に決めていました。

寝台列車を牽引するための機関車は、当時九州を走っていた電車や気動車よりもかなり重量があり、線路にかかる負荷が大きいことが予想されます。はたして山間部のローカル線区の線路設備や橋梁がその過大な負荷に耐えられるのか。構造物の強度の点から調査する必要があります。耐えられない負荷ということになれば、その問題を技術的にどう解決するのかという勉強をする必要があります。

水の問題もあります。これまで、当社も他のＪＲも１泊の寝台列車しか運行したことがなく、

「ななつ星」のような3泊4日というような〝長期間〟の寝台列車の経験がありません。しかも豪華列車とぶち上げる以上、客室ごとにシャワー、トイレ、洗面台といった生活できるような設備が必要となります。はたして、どれくらいの水を使用することになるのか。経験がありませんから勉強しなければいけません。

線路への負荷や水の問題以外にも多くの課題が出てくることが予想されました。それらを一つひとつ解決していかなければいけません。そうしないと、世界一豪華な寝台列車を走らせることはできません。

そのときはまだ、みんなピンと来ていませんでした。私が本気だとは思いませんでした。しかし、リーダーたる私は本気も本気でしたから。彼らはその後すぐにななつ星のプロジェクトチームを編成し、本格的な勉強に取りかかることになります。そして、全員で実行計画を打ち立て、実現に向けて動き出しました。このときにはもうすでに、みんなが「世界一」という夢に酔っていました。

ななつ星のデザイナー、水戸岡鋭治さんは、「世界一」と聞いて一瞬目を輝かせましたが、すぐに真剣な表情になりました。水戸岡さんは、「世界一」となるためには、今までの倍も3倍も勉強しないといけないなと、「世界一」の難しさを直感することのできる人です。

なにしろ、豪華列車のライバルは世界にたくさんありました。世に名高い「オリエント・エクスプレス」をはじめ、ヨーロッパには10本ほどの豪華列車が走っています。南アフリカの「ザ・ブルートレイン」や、シンガポール、マレーシアとタイの間を結んでいる「イースタン&オリエンタル・エクスプレス」も強力すぎるライバルです。それらを超えなければ「世界一」とはいえません。

ほどなく猛烈に勉強を開始し、必死で考えとことん悩み、「世界一」に向けての戦いに挑んでくれました。

「世界一」は、実際に車両づくりに携わる日立製作所と当社の車両の職人たちの心も大きく動かしました。車両づくりに取りかかった初日に、JR九州の社長である私は、職人たちを集めて夢を語りました。

「私たちの手で世界一の列車をつくりましょう」

職人たちの顔を見渡すと、みんなの目に、自分たちが世界一の列車づくりに関わることができるのだ、という興奮が湧き上がってくるのが見てとれました。彼らは「自分たちの持っている最高の技術をなつ星に投入しよう」と燃えてくれました。これも、**「世界一」を謳った夢の効果**でしょう。

ななつ星の接客を担う客室乗務員たちの士気も高揚しました。

彼らは、一般公募により採用となったサービスのプロたちです。

新聞に小さなベタ記事で、「世界一の豪華列車の客室乗務員募集」と載せると、たちまち約400名の応募がありました。その中から選ばれた25名がななつ星の客室乗務員として働いてくれるのです。海外の複数のホテルで働いていた語学堪能のホテルマン、国内の一流ホテルのコンシェルジュ、航空会社の国際便に乗務していたキャビンアテンダント、豪華客船のサービス担当者といった豪華な顔触れが集まってくれました。

ななつ星の運行が始まって少しあとに、キャビンアテンダントから転じた客室乗務員に尋ねました。「あなたは、どうして航空会社の職を捨ててななつ星に来てくれたのか」

彼女は胸を張って答えてくれました。

「世界一に自分を賭けてみたくなったんです」

大きな夢は人を動かす。これは真理だと思います。

tea time

第28講 **象と冷蔵庫**

ではこのあたりで、2回めのティータイムといたします。

これはずいぶん前に、飛行機の中のオーディオプログラムでたまたま聴いた落語のマクラに使われていた話で、私の大のお気に入りのジョークです。

これから一つ質問をします。動物園で一番大きな動物といえば、そう、象ですね。では質問です。冷蔵庫の中に象を入れる三つの手順とは何でしょう？

あっ、知っている人は黙っておいてくださいよ。知らない人も黙っておいてくださいよ。それじゃ答えられないじゃないか、と自分で言ってりゃ世話がありません。

この前、東京の寄席でこの話をしたら、あんな大きな象が入る冷蔵庫なんかあるわけねぇだろう、と怒ったお客さんもいました。名古屋では、象ってぬいぐるみでしょ、と言われたりもしました。

わかりませんか。わかりませんね。では答えを言います。

一つ、冷蔵庫のドアを開ける。

二つ、冷蔵庫に象を入れる。

三つ、冷蔵庫のドアを閉める。

これが、冷蔵庫の中に象を入れる三つの手順です。

もう、要領はわかりましたよね。ここまでは、練習問題でした。ここから本番です。

本番の質問にいきます。動物園で、象の次に大きな動物といえば、そう、キリンですね。

では質問です。冷蔵庫の中にキリンを入れる四つの手順は何でしょう？　この前、大阪でこれをやったら、大阪のおっさんはお笑いにたけていますね。「キリンは首が長いから冷蔵庫に入らないし、首を折るという手順が一つ加わるのやろ」とか、「キリンはキリンでもキリンビールやろ」とかいろいろおっしゃいます。みなさん、わかりましたか？　わかりませんね。では答えを言います。

一つ、冷蔵庫のドアを開ける。

二つ、冷蔵庫から、前に入れていた象を出す。

（三つめを言う前に、みんな、どっと笑う）

第四条

本質に気づく

第29講 見えないものをみる

いいリーダーに共通するものは、気づく力があることです。

ある事象を見たり聞いたりしたとき、たいていの人が何も気に留めないことも、いいリーダーになるような人は何か心に引っかかるものを感じます。心の中に「見過ごしてはいけないぞ」「聞き流してはいけないぞ」というような警報が鳴り、脳を刺激するからです。

ただ気づくだけではありません。物事の本質に気づきます。

「本質」って何でしょう。

辞書で引くと、「変化する現象的存在に対し、その背後または内奥に潜む恒常的なもの」とあります。辞書で引くと、ますますわからなくなるのは世の常です。で、さらに「現象的存在」の「現象」を調べてみますと、「人が観察できる形をとって現れるすべての物事」とあります。

つまり、「本質に気づく」というのは、人が見聞きできる表面的なことではなく、その表面的なことを手掛かりに、その**奥底や背後にある目に見えない根本的な性質や重要な要素と法則などを見抜く**ことです。

（解説をすると、ますますわからなくなるのも世の常かもしれません）

リーダーの「本質に気づく力」は、何か問題が発生したときの対処の仕方でそのレベルがわかります。

問題の表面的なことばかりに気を取られ、対症療法的な解決策しか打ち出せないいリーダーは、いいリーダーとはいえません。問題の背後にあるものや一番重要なことは何かということを見抜けるリーダーがいいリーダーです。

酒樽の話をしましょう。

酒樽があります。下のほうに栓が付いています。その栓が抜けたときは、まわりの人は慌てて栓を締めなおします。栓が抜けて酒が流れ出すのは目に見えていますから、対処法も簡単に見つかります。栓を締めればいいのです。

では、樽の底の隙間からじわじわとほんの少しずつ漏れ出すとどうでしょう。多くの人は気づかないでしょう。また気づいてもそれほど気に留めないかもしれません。このことこそ、本質に気づかないということなのです。

樽の中の酒を減らさないようにするには、栓よりも底漏れのほうを重要視しなければいけません。底漏れが大問題だと見抜くことが、本質に気づくことなのです。

いいリーダーは、本質に気づくものです。

日清食品の創業者・安藤百福氏も、本質についてこう言っています。

「経営者とは、人の見えないものが見え、聞こえないことが聞こえるような人間でなければならない」

まさに「変化する現象的存在に対し、その背後または内奥に潜む恒常的なもの」を見た人の言葉だと改めて思う次第です。

第30講

〝気づき〟の神様

経営の神様と謳われる松下幸之助氏は、〝気づき〟の神様でもあります。

幸之助氏は、見るもの聞くものあらゆるものから誰よりも多くの刺激を受け、その刺激の中から、物事の本質なり法則なりに気づく力を持っています。

若いころは、気づいたことを技術者として新製品の開発に活かしました。松下電器を創業し、技術者から経営者へと立場を変えていく中で、気づいたことを経営、すなわち商売そのものに活かすようになりました。

その転換点は、かの「砲弾型電池式ランプ」＝自転車ランプを開発したときでしょう。

大正7年、松下電気器具製作所（パナソニックの前身）を創業して間もなく、幸之助氏は自転車につける砲弾型電池式ランプの開発に取り組みました。何度も試作を繰り返した末に新製品の完成にこぎ着けました。

それまで主流だったローソクランプは、風によく吹き消され不便でした。電池式ランプも一部に利用されていましたが、寿命が短く故障も頻発し評判がよくありません。

そこに目を付けた、つまり、気づいたのが幸之助氏です。

ここまでは、技術者としての気づきですね。

幸之助氏は出来上がった新製品の売り込みに問屋をまわりました。しかし、どの問屋もあまりいい顔をしませんから、なかなか商談も進みません。問屋からすれば、従来の電池式ランプの低品質のイメージが消えませんでした。だから、松下の新製品にも信用を置けなかったわけです。

幸之助氏は次なる作戦を思いつきました。

商品の信用を得るために、問屋ではなく直接小売店の店舗に無料で2、3個のランプを預け、店頭での連続点灯を依頼してまわりました。今でいう、デモンストレーション販売です。この作戦が功を奏し、松下のランプは飛ぶように売れ始めました。

幸之助氏は、まず自転車の電池式ランプの開発に技術者として気づき、次に商売の本質が信用にあることに経営者として気づいたのです。

幸之助氏は、リーダーに必要なものとは、物事の要諦をつかむこと、即ち本質を捉える力だといいます。この世の大事の要諦すらつかむこの力を身につけるには、日常の些細なことを大事にし、それに真剣に取り組むことが必要だと説いています。

例えば「掃除」です。毎日、心を込めて掃除をしていると、落ち葉がたくさん落ちていることに気がつきます。それは植木が傷んでいることが原因とわかります。商売とは、顧客の気持ちや、市場の動向などに、いち早く気がつかなければなりません。「どんな仕事でも、単純な仕事でも、真心をこめて」真剣に取り組むことで大きなこと、例えば政治の要諦に気づくことすらできると幸之助氏は説いています。

第31講 本質を究める

京セラの創業者である稲盛和夫氏もまた、本質に気づく達人といえましょう。

1959年に創業した京セラは、1971年に大阪、京都の両証券取引所に株式上場を果たしました。その2年後に第一次石油危機が発生したわけですが、発生の直前に空前の土地ブームが起こりました。わが国全体が高度成長に酔いしれていたころです。

当然、上場したばかりの上り調子の京セラにも取引銀行からいくつもの不動産投資の話が持ち込まれました。しかし、社長の稲盛氏は、どの案件も丁重に断ります。京セラのビジネスの本質は、製品をつくり価値を付加することにより利益を得ることだ、と確信していたからです。京セラの本質に気づいていたのです。

稲盛氏がそれらをひと通り断ったころ、石油危機が起きました。このとき、京セラ以外の多くの会社は、誘われるままに現金を土地に投資していたため身動きが取れなくなりました。一方、手元資金に余裕のある京セラは、資金を工場や設備の投資にまわし、その後の飛躍につなげることができたといいます。

さすが、稲盛さんですね。現代の経営の神様といわれるのもわかります。

稲盛氏自らが編み出した経営哲学「アメーバ経営」にも、稲盛氏の本質を捉える力が活かされています。これは、**一人ひとりの社員がいかにオーナーシップを持ち、社長の立場つまり経営目線で考え、行動することができるか**を追求した考え方です。これは、世界中のどの経営者も直面している永遠のテーマだといえるでしょう。

創業時30名足らずの社員数でスタートした京セラは、すぐに急成長を遂げ売上に比例して社員数も300名、500名と急増していきました。そこで、稲盛氏は、創業時のように会社を20～30名の小集団に分けてみたらどうかということに気づきました。そのうえで、それぞれの小集団を独立採算制にし、各組織にリーダーを置いて責任を持たせます。そうすれば、各リーダーは町工場の長として経営と同じ目線で集団を引っ張っていけるだろうと考えたわけです。このときの発想が、のちに「アメーバ経営」として完成していきます。稲盛氏は、日本航空の再建を任されたときも、この独自の哲学を日本航空グループ全社に導入しています。

最後に、稲盛和夫氏が「ものごとの本質を究める」ことについて述べた言葉を加えておきます。

「私たちは一つのことを究めることによって初めて真理やものごとの本質を体得することができます。究めるということは一つのことに精魂込めて打ち込み、その核心となる何かをつかむことです。一つのことを究めた体験は、その他のあらゆることに通じます。一見してどんなにつまらないと思うようなことであっても、与えられた仕事を天職と思い、それに全身全霊を傾けることです。それに打ち込んで努力を続ければ、必ず真理が見えてきます」

第30講で述べた松下幸之助氏の〝気づき〟と通じるものも強く感じます。

第32講 牛丼から宅急便

20代のころ、そう、1978年のことですが、私は、今のJRの前身にあたる国鉄の隅田川駅という、東京の南千住駅の南側にある鉄道貨物を取り扱う駅に勤務していました。駅といいましても貨物しか取り扱っていませんから、一般の人にはまったくなじみのない駅です。

その駅は、全国から集まる貨物列車の始発・終着駅であり、コンテナを集配する拠点駅です。荷主と駅の間でコンテナをトラックで集配する業務を通運事業といいます。私は、そこのコンテナセンターというところで仕事をしていました。つねに、コンテナ集配用のトラックが出入りしていまして、自然と通運事業会社の人たちと親しくなりました。

その一つに、ヤマト運輸がありました。今でこそヤマト運輸といえば宅急便というイメージが出来上がっていますが、当時は日本通運や佐川急便などの長距離路線を中心とした運送会社が幅を利かせていて、ヤマト運輸はそれほど力のある会社とは思っていませんでした。

しかし、そのときすでにヤマト運輸は宅急便を始めていたのです。宅急便のスタートは1976年で、2年前のことだったのです。

1919年創業のヤマト運輸（当時は大和運輸）は、戦前には関東中心に企業間物流を営んでいるトラック運送会社でした。ヤマト運輸が開発した大和便と呼ばれるサービスは、荷物の乗り合いバスのような仕組みで、取引先の企業が輸送したい荷物があるときにトラックが立ち寄り、その荷物を載せることができるものでした。これが、のちのクロネコヤマトの宅急便につながっていきます。当時、ヤマト運輸は関東一の物流会社でした。

戦後、貨物の長距離輸送が鉄道からトラックにシフトしていったとき、ヤマト運輸は地域内の物流にこだわり、長距離輸送への進出が遅れました。その結果、ヤマト運輸の経営は、苦しくなっていきます。そこで、ヤマト運輸は、長距離輸送も含め、戦前から得意の企業間物流や百貨店配送、それに通運事業、航空貨物、海運業などあらゆる物流を扱う多角化戦略をとるようになりました。それでも、経営改善は見えてきませんでした。

苦戦が続く中、１９７１年に小倉昌男氏が父のあとを継いで社長に就任しました。１９７３年のオイルショックを機に業績がますます悪化していったころ、小倉氏は会社の進むべき方向についてあれこれ考えをめぐらしていました。

このまま、多角化路線でいくのか、それとも事業を絞り込むべきかずっと悩んでいました。そんなころ、小倉氏は、二つのことを自身の目で見て経営の本質に気づきました。

一つは、日本経済新聞の牛丼の吉野家に関する記事です。吉野家が、それまであった多くのメニューをやめて、牛丼一本に絞り込むという記事でした。記事を見てまず考えたことは、牛丼以外のメニューを選びたい人はよその店に行ってしまい、結局収益が悪化するのではないかということです。記事を読み進めるとそうではないことがわかりました。

メニューを牛丼単品に絞り込んだことにより、良質な牛肉を大量に安く仕入れることができ、味もいいし値段も手ごろだと評判になっている。調理もシンプルで、熟々の牛丼を素人のアルバイトでも簡単に提供できる。お客さまが増えて、人件費が抑制できたという。

「そうだ、これだ！」

当時、小倉氏は個人向けの物流に高い関心を持つようになっていましたが、もう一つ踏み切れないでいました。そうしたとき、吉野家の記事を見て、個人宅配ビジネス、今でいう宅配便、ヤマトでは宅急便といいますが、これ一本のトラック会社になろうと決意したといわれています。

小倉氏が宅急便の市場性に気づいたきっかけが、この**たった一本の吉野家の記事**だったのです。

もう一つ、小倉氏が同じころニューヨークを訪れたときのこと。マンハッタンの交差点の四つ角に立ち、ふと見ると、交差点の近くにＵＰＳ（ユナイテッド・パーセル・サービス）のトラックが４台停まっているのに気づきました。ＵＰＳは世界最大の小口貨物運送会社です。当時から個人宅配ビジネスのトップ企業です。そのＵＰＳのトラックがニューヨークのど真ん中に4台も停まっている。「日本でも、これから個人宅配ビジネスの成長が期待できるのではないか」と、のちの宅配便事業の成功に確信を持ちました。

１９７６年1月20日、ヤマト運輸が宅急便のサービスを始めました。ちなみに、「宅急便」というのは、ヤマト運輸の商標であり、その後日本通運や佐川急便などトラック運送会社が続々と参入し、総称として「宅配便」と呼ばれるようになりました。

宅急便がスタートした同年は170万個だった取扱個数は、現在宅配便の総個数が40億個を超えるまでに拡大しています。（国土交通省2019年10月1日発表）

その中で宅急便は4割超のシェアを誇るダントツの1位です。

第33講 **ユニクロの気づき**

１９８４年、父親のあとを継ぎ、前身の小郡商事の社長に就任した柳井正氏はもうこのときに「経営者は目標を高く掲げなければいけない」という経営哲学を持っていました。１９９１年に社名をファーストリテイリングに変更したころの売上は１００億円前後。柳井氏が「世界一のアパレル製造小売業になる」と公言したのはこのころです。およそ30年後の２０１９年には、グループの連結売上が2兆円を超えています。世界一までもう少しのところまで来ています。

柳井氏は、大変な勉強家でかつ大変な読書家です。ＩＴＴ（国際電話電信会社）の元社長、ハロルド・ジェニーン氏が著したビジネス書『プロフェッショナルマネジャー』から最も感銘を受けたといいます。本の中でジェニーン氏がこう述べています。

「本を読む時は、初めから終わりへと読む。ビジネスの経営はそれとは逆だ。終わりから始めて、そこへ到達するためにできる限りのことをするのだ」

ジェニーン氏は、在任中、同社の業績を伸ばし、58四半期連続増益という驚異的な記録を打ち立てた人です。

『プロフェッショナルマネジャー』の中にこの言葉を見つけたとき、柳井氏は頭を殴られたような衝撃を受けたといいます。それまでは、経営とは、スタート地点から見て到達できそうなところに目標を置き、それに向かって努力していけば結果が付いてくるものと考えていました。しかし、ジェニーン氏は違いました。「現実の延長線上をゴールにしてはいけない」と強調するのです。まず**最終的な目標を明示して、どうすればその目標が実現できるかを考え、組織全体でその実現のために行動していく**ことが「ほんとうの経営」だと言っているのです。この「最終的な目標」とは、私カライケの言葉でいえば「夢」に当たるかと思います。

ジェニーン氏の言葉に目を覚まされた柳井氏は、ユニクロ1号店をオープンさせる以前にも、「世界一のカジュアルチェーンになる」ことを宣言するのです。

ちなみにこのころはまだ、国内ブランドの大型セレクトショップという事業形態。「世界一」をめざす柳井氏は、より成長性の高いビジネスモデルを模索します。

自分がやりたいビジネスモデルは何だろう。そう思い悩んでいる折、現地法人設立のために赴いていた香港で、製造小売業（SPA）で成功しているカジュアル衣料チェーンのジョルダーノという会社の創業者ジミー・ライ氏と出会います。ジョルダーノは、オリジナルの商品を製造し販売しながら、アメリカのアパレル会社の下請け（OEM）も手掛け、製造小売業の特徴を最大限に活かし、グローバルに展開していました。

ジミー・ライ氏は一代で巨額の財を築き上げた立志伝中の人物です。柳井氏がライ氏と出会った瞬間、自分がやるべきは製造小売業だと直感。その後ユニクロがプライベートブランドの比率を徐々に上げ、１９９８年のフリースの大ヒット、そして世界的なトップブランドとのコラボレーションも次々に実現するようなプレゼンスを引き寄せたことはご存じの通り。

でかい夢を掲げたからこそ、決定的な気づきに至ることができた。

ユニクロはまさにその好例だと私は考えています。

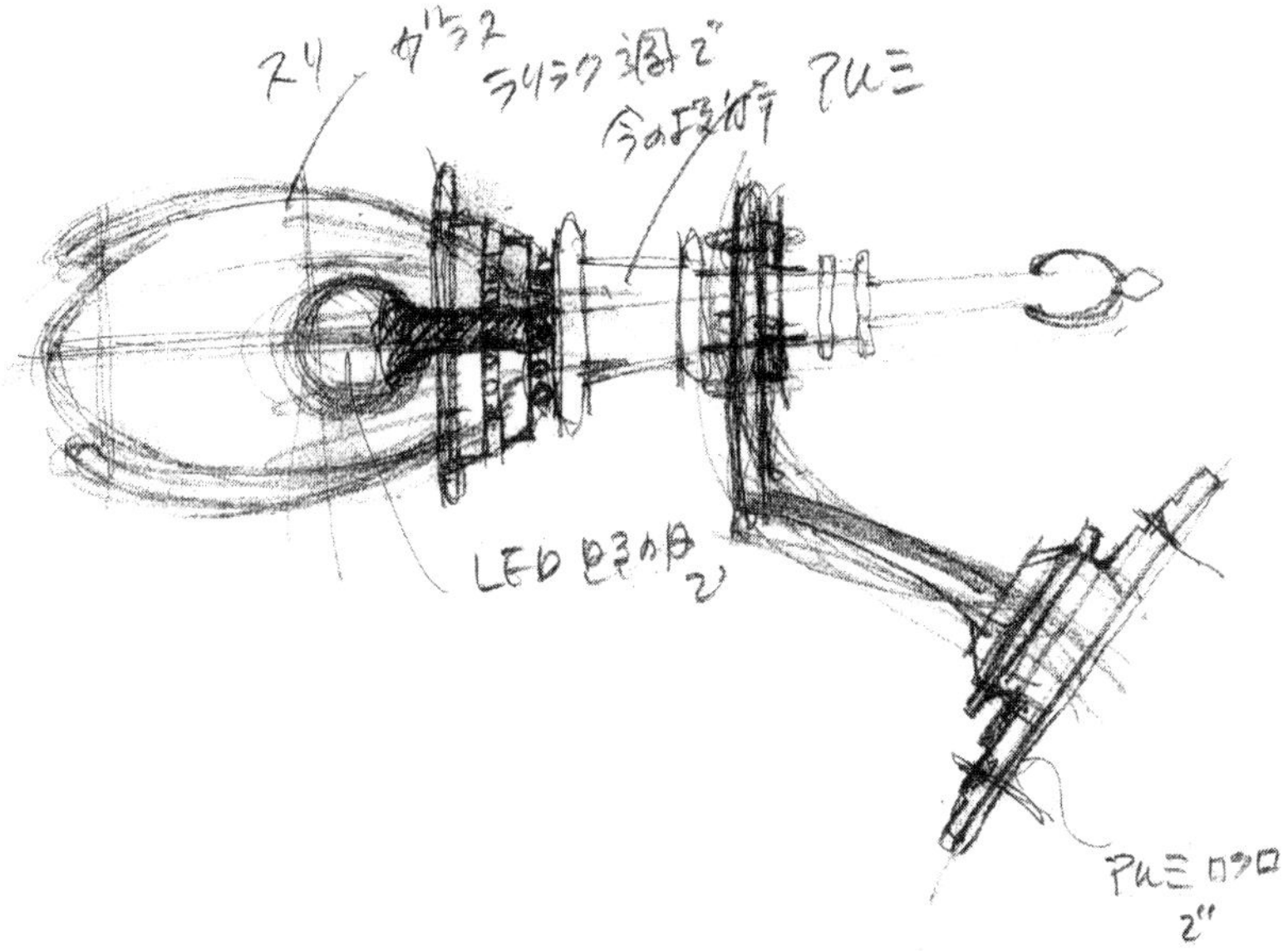

なつ星の照明デザインはすべて
水戸岡さんのオリジナル。
また、これらの設置に使われた
木ネジも＋でも－でもなく、星形の
溝が入ったななつ星オリジナルが
約2万3000本用いられた。

第34講 新型コロナにおもう

２０１９年12月に中国・武漢で始まった新型コロナウイルスの感染問題は、単なる問題というよりもはるかに甚大な国難、いや人類難といってもいいほどの非常な脅威となっています。

こうした未曽有の危機に直面したとき、リーダーはどのようにその本質を捉えていくべきかということを考えさせられる事例がいくつか出てきました。

次に紹介するのは、私が２０２０年4月1日に発信したＪＲ九州の全社員に向けてのメッセージの前半部分を転記したものです。

本来、外部の方に向けたものではありませんが、読んでいただければ、この事態についての私の本意（怒りといってもいい）がよく伝わるものとなっていますので、あえて掲載します。

> 新型コロナウイルスの感染拡大によりまさに世界中が騒然とする中で、新しい年度がスタートしました。
>
> 今日は、新型コロナウイルスに対して私たちがどう認識し、どう考えて、どのように行動すべきかについてお話ししたいと思います。
>
> 最近のメディアの報道を見て聞いて、その認識の甘さに驚愕し、次にあきれ果て、そして激

怒したことがありました。その話から入りたいと思います。

2週間前の3月16日の日銀の黒田総裁の記者会見での発言です。時事通信の記事をそのまま伝えますと、「黒田東彦《はるひこ》日銀総裁は、新型コロナウイルスの感染拡大による経済への影響について『（2008年の）リーマン・ショックほど大きく実体経済が落ち込むとは誰も見ていない』と述べた」とありました。

この報道を見て、黒田総裁の時局の認識の甘さ、緩さに愕然としました。日銀の総裁って、この程度の人物かとあきれて言葉も出ません。猛烈な怒りを覚えました。

中国・武漢で原因不明の肺炎患者が最初に確認されたのが、昨年12月8日。年が明けて2月まで中国を中心に新型コロナウイルスの感染者数が激増し、2月25日に世界の感染者数が8万人を超えました。3月に入ると、中国の感染の拡大テンポが緩やかになる一方、韓国とイタリアとイランを中心に感染者数が加速度的に増加していき、3月中旬には欧州各地と米国が感染の震源地となっていきました。3月11日には、それまで態度の煮え切らなかったWHO（世界保健機関）の、これも名前を挙げるのも嫌になる、事務局長のテドロスがようやくパンデミックを宣言しました。世界の感染者数は、3月13日からは毎日新たに1万人ずつ増加し、黒田氏の記者会見前々日、3月14日には初の15万人台に突入しました。

そうした中での16日の黒田氏の発言なのです。そもそも日銀の使命は、物価の安定と金融システムの安定にありますから、その総裁に実体経済のことを理解しろといっても無駄なことかもしれません。でも、あまりにも実体経済の深刻な状況に対する認識のなさにあきれるばかりです。

このところ、世界中の株価が高騰したと思えば翌日には大暴落をするという乱高下を繰り返しています。それに対して、投資家もメディアも一喜一憂しているのもいかがなものでしょう。今回のパンデミックによる実体経済のパニックは、株価では何の解決にもなりません。株価では、企業の倒産は止められません。株価では、雇用の維持もできません。

今や、世界中で外出禁止や渡航制限が拡大し、サプライチェーンもずたずたに寸断されています。人とモノの動きが止まりました。航空業界が壊滅的な打撃を受けたのをはじめ、ホテルや交通などの観光関連業界も需要が激減しています。自動車メーカーにおいても、需要の減少に加えて部品の調達が滞り、正常な生産ができなくなってきました。ほとんどすべての産業において、多くの工場が閉鎖となり、多くの店舗が営業休止となっています。世界中で失業者が激増しています。今の状況が大きく改善しない限り、全世界で空前の失業者数となることが予想されます。

こうした実体経済の状況をみると、黒田氏の発言があまりにも現実とかけ離れていると言わざるを得ません。

世界の感染者数が3月18日に20万人を超え、3日後の21日に30万人に達し、26日には50万人、31日には80万人を超えました。3月半ばまで高をくくっていたアメリカの感染者数も、3月26日に中国を抜いて世界最多となり、3月30日に16万人を超えました。

今や世界の社会と経済は、経験したことのない未知の領域に足を踏み入れようとしています。いや、踏み入れました。企業の倒産と雇用の喪失が想像を絶するほどの勢いで全世界に広がっていきます。

3月中ごろには、私自身、今回の事態をリーマンショックどころではなく太平洋戦争に匹敵すると捉えていました。たまたま先週ネットのニュースを見ていると、「こうした現状をドイツのメルケル首相は、3月18日の国民向けテレビ演説で『第二次世界大戦に匹敵する欧州の戦争』と呼んだ」という記事が出ていました。まさにその通りです。第二次世界大戦に匹敵する戦争なのです。メルケルさんは黒田氏よりはるかに素晴らしいリーダーだと思いました。（後略）

このあとには、社員たちに向けたこの先への心構えが続きます。とりわけ強調したのが、**〝見誤らず本質を捉えること〟〝「信用」を確固たるものにすること〟**。

これらは**第3講**で触れた『孫子』でリーダーの資質として説かれる「智」「信」に当たります。

第35講 焼きとり屋を営むと経営がわかる

焼きとり屋の話をします。

焼きとり屋には、経営の重要な要素が詰まっています。焼きとり屋を究めると、経営の何たるかがわかります。

一般的な商品の流れを見てみましょう。

工場で、商品のもととなる原材料を仕入れ、その原材料を加工してより付加価値の高い商品をつくります。加工というのは、切ったり、曲げたり、削ったり、熱したり、組み合わせたり、並べなおしたりして、原材料に手を加えて新しいものをつくることです。だから、工場を持っている企業をメーカーというのです。

完成した商品は、工場から出荷され、問屋を経由するか直接搬入するかは別にして、消費者に販売するために小売店に輸送されます。問屋＝卸売業と、小売店＝小売業を合わせて流通業といいます。この流通業の中には、商品の輸送や保管といった仕事をする運輸業や倉庫業も含まれます。

小売店では、商品を消費者に販売するための活動をします。商品の最終的な売価を決め、商品を店舗に陳列し、チラシやポスターなどの販促活動を行い、接客サービスを通じて消費者に商品を売り込みます。

以上の流れが、一般的な商品の流れです。

まとめますと、「仕入れ」→「つくる」→「出荷あるいは仕入れ」→「販売」となります。「つくる」のが工場で、「販売」は小売店です。

では、焼きとり屋ならどうなるでしょう。

まず、焼きとりの材料となる鶏肉を店で仕入れます。次に、仕入れた材料を店で加工し、この場合調理するといいますが、調理し焼きとりという商品にします。そして、出来上った焼きとりを店で販売します。

焼きとり屋は、材料の仕入れも、加工、すなわち調理も、そして商品の販売も、すべて店で完結します。「つくる」と「販売」を店だけでやっているのです。

すなわち、焼きとり屋は工場であり小売店でもあるのです。

焼きとり屋も店舗の一つですから、小売店と同じように見られがちですが、実は機能的には小売店とはまったく異なるものなのです。

だから、私はつねづね**「焼きとり屋はメーカーである」**と強調しているのです。

第36講 飲食業はメーカー

焼きとり屋だけがメーカーではありません。飲食店のほとんどがメーカーです。外食事業とは、すなわちメーカー業なのです。「製造物責任法」（PL法とも呼ばれています）という法律の中に、製造者はそのつくったものに責任を負うと定められています。その製造者の中に飲食業が含まれています。**飲食業は法的にもれっきとしたメーカー**なのです。

飲食店と小売店の根本的な違いは、このメーカーであるかないかによるものです。

飲食店のすごさは、メーカーでありながら営業や接客も同時にこなしているところです。

中でも、寿司屋と焼きとり屋の大将は、オールマイティです。両者に共通するのは、カウンターが商品提供のメインステージだということです。

福岡の寿司の名店「やま中」の大将の仕事ぶりを見てみましょう。

まず、朝早く市場に行き、その日使用する魚介類を仕入れます。会社でいうと、仕入部長の役目を果たします。店に戻り、仕入れた魚介類を洗ったり、切ったり、さばいたりと調理の下ごしらえをします。工場でいうと、最初の製造ラインの職場長です。

営業時間となり、大将はカウンターの真ん中に陣取り、他の若い寿司職人よりも多くの数のお寿司を握ります。ここで〝お寿司工場〟の製造部長になります。

カウンターの真ん中に陣取っている大将の前には、なじみのお客さまがまるで自分の指定席のように座り、大将に話しかけます。こうなると、大将は、第一線の接客係となります。「大将、今日のおすすめは何？」「今朝市場で活きのいい鯛を仕入れましたよ」とかなんとかやりとりをします。これはもうセールストークです。ここで営業部長になるわけです。

しばらくして、目の前のなじみのお客さまがまた話しかけます。家でこんなことがあったとか、会社で腹立たしいことに出くわしたとか、まるで身の上相談みたいことを言い始めます。大将は、お寿司を握る手を休めずそうした相談話に親身になってアドバイスをしてあげます。ここまでくると、学校の先生かコンサルタントの役です。

そうしながらも、大将は絶えず店の中を観察し、気づいたことを仲居さんや職人さんに指示します。「3番テーブル、あがりを出しなさい」。「5番テーブル、お愛想だよ」。「7番テーブル、お皿を取り換えなさい」。まるで、オーケストラの指揮者のようです。

店が休みのときも、大将は経営者としての仕事をします。新しい料理の開発も、若い寿司職人を採用し育成するのも、商品の売価を決めることもみんな大将の仕事です。特に、最後の「商品の売価を決める」ことは、メーカーだからこそできることです。小売店にはできません。小売店は、メーカーが考える価格のある程度の幅の中でしか売価を決めることはできません。

焼きとり屋さんにもお寿司屋さんにも、経営の重要な要素が詰まっています。

第37講 寿司職人のようであれ

第36講で触れた寿司屋の職人のオールマイティぶりに、早くから目を付けていたのが宅急便の創始者で、ヤマト運輸の元社長の小倉昌男氏です。折りに触れ、同社社員のトラックドライバーに「寿司屋の職人になれ」と訓示したことは、経済界では有名な話です。

小倉氏の著書『経営学』の記述をそのまま次に紹介します。

私はつねづね、ヤマト運輸のセールスドライバー（SD）は寿司屋の職人であってほしいと説いてきた。

寿司屋に行けば、まずカウンターに座るかテーブルに座るか決めなければならない。テーブルに座り、松、竹、梅のどれかを選べば、メニュー内容ははっきりしているし値段も決まっているから、支払いのときに心配する必要はない。カウンターに座れば、職人と自由にお喋りをしながら、好きなネタを選んで握ってもらうことができる。その代わり、テーブルに座るより値段は高くなることを覚悟しなければならない。でもそうしょっちゅう行くわけではないから、カウンターに座って楽しく寿司を食べたいと思う人は多いと思う。

寿司屋の職人は、朝河岸から魚を仕入れ、それぞれ必要なかたちにさばいて支度をする。

お客が来れば今日の美味しいネタはなにかを説明し、注文をとる。適当に世間話をしてお客の機嫌を取り結ぶ。今はどの魚が旬かなどセールストークをしながら次々と注文を受けていく。もうお腹が一杯だというお客に、梅じそなどさっぱりした巻物を勧めて、もう一つ食べさせる。お勘定、というお客の声に、金額を告げる。流行る寿司屋は職人の気っぷがよいからで、如才のない職人のいる店には、また行こうという気に、客の方もなるだろう。

宅急便を始める前に商業貨物を運んでいたときは、食べ物屋でいえばデパートの食堂のようなやり方であった。食券を売る人、注文を取り次ぐ人、和食を作る人、洋食を作る人、中華料理を作る人、料理を運ぶ人、食器を下げる人、すべて分業制でやっていた。

宅急便を始めるとき、私は宣言した。今後はデパートの大食堂の方式はやめて、寿司屋の方式に変える、と。そしてSDの諸君には、寿司屋の職人になってほしいとお願いした。つまり、荷物を探し、伝票を書き、荷物を運び、コンピュータに入力し、集金し、問い合わせに答えるなど、多様な現場の業務すべてを、SDは一人でこなしてもらわなければならない、と。

とまあ、こんな風です。すごいですね、小倉氏は。

リーダーは仕事を離れても、食事の時間ですら経営哲学を育む機会としてしまう。そんな一例かと思います。

第38講

飲食店と小売店

飲食業はメーカーである、という強みを活かすとビジネスの幅が広がっていきます。

昔からやっている小さな小売店の近くに巨大なスーパーマーケットができると、たちまち小さな店にやってくるお客さまの数が少なくなり、その店の売上も減少します。特に、スーパーと同じ商品を取り扱っている店への影響が大きく出てきます。

そりゃあそうです。同じ商品が、ほとんど同じ値段で売られているわけですから、お客さまはどうしても品揃えが多くてきれいで大きな店に足を運びますよね。小売店は、商品で他店との差別化をするのが難しいから、同じ商品なら大型店で買い求めるというふうになっていきます。

その点、飲食店ならば違います。飲食店、これはラーメン店でもいいし、焼きとり屋さんでもいい。ここでは、ラーメン店としましょう。大将が一人でやっている、おいしいと評判のラーメン店。客席はカウンター中心に20席もありません。その店の横に、全国チェーンの客席が200くらいあるファミリーレストランが開店しても、ビクともしません。なぜなら、ラーメン店はメーカーですから、**商品の材料や調理方法を変えることにより商品の品質を変えたり、差別化をしたりすることが思いのままにできます。**

つくった商品（ラーメン）の売価も、５００円にするか１０００円にするか店長が決めればいいのです。いくら全国チェーンの大型店が店の横に出店したとて、こうしたメーカーとしての強みと誇りを持ったラーメン店は、何の影響も受けません。

この飲食店のメーカー的経営は、現在さまざまな業界でさまざまな企業がその成果を上げています。代表例はそう、**第33講**でとりあげたユニクロです。

第39講 ななつ星も本質に気づく

ＪＲ九州の「ななつ星」も、多くの気づきにより成り立っています。

ななつ星は、私がＪＲ九州の社長のときに誕生しました。２０１３年のことです。そもそもの始まりは、誕生の25年前の友人の何気ない一言でした。

「九州で豪華な寝台列車を走らせるときっと大ヒットしますよ」

この言葉が、私の胸に妙に引っかかりました。このとき、無意識のうちにななつ星を着想したかもしれません。

社長に就任した２００９年６月、ななつ星の実現に向けた行動を開始しました。運行開始までの４年間、多くの気づきを積み上げ、それらを実行に移していきました。

そのうちの二つが、ななつ星を成功に導いた大きな原動力となりました。

一つめは、**豪華なものこそ大ヒットする**という旅行市場の本質に気づいたことです。

完成までの過程で、ななつ星プロジェクトチームのスタッフがその料金のレベルをどうしようかと悩み、百貨店の三越の外商部に相談に行きました。三越の外商部には、外商部を通じて商品を購入される〝お得意さま〟がたくさんいらっしゃいます。それも、１年間に何百万円、何千万円、はては億単位で買い物をされる富裕層の方がいらっしゃいます。そのお客さま層がななつ星のお客さま層と重なると思い、スタッフが勉強のために三越を訪問したのです。

スタッフが、恐る恐るその時点で私たちが考えていた料金を三越の人に言いました。

「実は、ななつ星の旅行の料金は3泊4日で30万円から40万円くらいを考えていますが、どう思われますか」

三越の人は、すぐに助言をくれました。

「それくらいならまったく問題がありません。もっと高くてもいいくらいです。三越外商部でも時おり、〝お得意さま〟向けに、例えば『北陸3泊豪華な旅』と銘打ってツアーを企画しますが、すぐに予約で定員が埋まります。そのお値段が、40万円前後ですよ」

三越の人が、料金に関して私たちの背中を押してくれました。三越の人の言葉で、高額料金の旅行市場の本質に気づくことができたのです。

二つめは、ブランド価値の向上こそがななつ星の最重要のテーマだという本質に気づいたことです。

ななつ星では、一般的な商品のマーケティングとは異なった手法を取り入れました。

プロモーションにおいて、マスメディアを使った広告宣伝を極力限定的なものにしました。媒体の種類を絞り込み、テレビや新聞には目もくれず、ターゲットに適合した雑誌1誌のみに有料広告を打つことにしました。

一方、マスメディアを通じたパブリシティ（無料）については、これでもかとばかりにその頻度を高めました。つまり、メディアに対しては何度となく段階的なプレス発表を行い、休む間もなく話題を提供していったのです。ななつ星の開業までの1年間に、プレスリリースを週1回程度のペースで行いました。

一方で、駅でのポスターの掲示や販促物の配布といった販促活動は一切行うことはありませんでした。駅は、不特定多数のお客さまが利用される、極めて日常的な場所です。こうした日常的な場所は、ななつ星のブランド向上には適さないと判断しました。駅というとても有効な広告媒体をあえて使わない、我慢の戦略です。結果として、この戦略はななつ星の非日常性をアピールするうえで非常に有効なものとなりました。

販売方法についても、できるだけ「買いにくい」仕組みとしました。駅の窓口ではななつ星のチケットは購入できないようにしました。客室の予約も駅では受け付けません。予約の受け付けは、すべて本社のツアーデスクのみで行いました。電話のみの予約も受け付けません。すべての予約は、簡便な方法に依らず、必要事項を記入した予約申込書を郵送してもらうということに限定しました。

ありがたいことに、そんな風に予約がしにくいななつ星に多くのお客さまが申し込んでいただきました。開業からずっと定員の10倍から30倍といった倍率で申し込みを頂戴し、半年ごとに抽選をしてお客さまを選考するという、まことに不埒《ふらち》な営業体制をとっています。しかも、コネやツテなどはすべて排除しています。

ななつ星は、ほんとうに傲慢な営業をしています。「買いにくさ」がななつ星の真骨頂です。狭き門たるこの傲慢さがブランドを高め続けています。

第40講 気づく力を養う

どうすれば本質に気づく力を養うことができるでしょうか。

オリックスの前会長で現在同社のシニア・チェアマンの宮内義彦氏は、「勉強すること」と明言します。宮内氏の言う勉強とは、本を読むことだけではありません。もちろん、本を読むことも大事ですが、それだけではなく、新聞や雑誌などから幅広く情報を得ることも必要だといいます。人に会い、話を聞くのも立派な勉強です。宮内氏は、そうした勉強をしたうえで、つぎに自分の頭で考えることだと説きます。

松下幸之助氏が、リーダーに必要なものとは、物事の要諦、つまり私の言葉で言い換えるなら本質を捉える力だとしています。そして、この力を身につけるには、「どんな仕事でも、単純な仕事でも、真心をこめて」やることと述べているのは先述（**第30講**）の通りです。

京セラの創業者・稲盛和夫氏はこう述べています。

「困難な状況に遭遇しても、決してそこから逃げてはいけません。追い込まれ、もがき苦しんでいる中で、『何としても』という切迫感があると、ふだん見過ごしていた現象にもハッと気づき、解決の糸口がみつけられるものです」

つまり、問題に直面したとき、逃げずに考えに考え、悩みに悩んでもがき苦しんだ後に本質が見えてくるということです。

それでは、私なりに「本質に気づく力」を身につけるために何をすればいいのか述べてみましょう。三つです。

1．やはり猛烈に勉強すること。本を読むことはもちろん、新聞、雑誌などから情報を仕入れたり、勉強会や講演会などで人の話を聞いたりすることも必要です。自分の仕事に関わりのないものも含めてできるだけ多くの知識や情報を幅広く得ることです。

2．とことん考え、とことん悩むことです。

そして、物事に対し、「なぜ」「何のために」「誰のために」といった疑問を絶えず自分自身に投げかけることが大事です。

3．あてもなく街を歩いたり、旅に出かけたりすることです。具体的な目的がなくても行動を起こせば、必ず何かに出会えます。何かを発見します。

tea time

第41講 **18歳と81歳**

では3回めのティータイムといたします。

先日、ある老人会に招かれて、少し卓話をしてきました。その際、江戸時代の偉いお坊さん、仙厓和尚の言葉を紹介しました。こんな言葉です。

六十歳は人生の花
七十歳で迎えがきたら留守だといえ
八十歳で迎えがきたら、早すぎるといえ
九十歳で迎えがきたら、急ぐなといえ
百歳で迎えがきたら、ぼつぼつ考えようといえ

これがけっこうお年寄りに受けまして、調子にのって次に、数年前のテレビのお笑い長寿番組「笑点」の大喜利から仕入れたネタを披露しました。

テーマは、18歳と81歳の違いです。

道路を暴走するのが18歳、逆走するのが81歳

心がもろいのが18歳、骨がもろいのが81歳
恋に溺れるのが18歳、風呂で溺れるのが81歳
ドキドキが止まらないのが18歳、動悸が止まらないのが81歳
恋で胸を詰まらせるのが18歳、餅で喉を詰まらせるのが81歳
自分探しをしているのが18歳、みんなが自分を探しているのが81歳
社会に旅立つのが18歳、あの世に旅立つのが81歳

お年寄りには、ちょっとしゃれがきついかなと思いましたが、これもけっこう喜ばれました。私ももうすぐ70歳ですから仲間と思ってくれたのでしょう。

最後に、私の自作を紹介しました。

笑点と聞いて桂歌丸を浮かべるのが18歳、新珠三千代を思い出すのが81歳。

（それは、昔のドラマ「氷点」でしょ）

第五条

まず行動する

第42講 **リーダーはまず行動**

「思い立ったが吉日」という言葉があります。あることを決意したら、すぐに実行するのがいいという意味です。この言葉、おそらく人生でも仕事でも正解の場合が多いように思います。

人生においては、行動する前にじっくり考えることのほうが失敗しないこともありますが、たいていの場合、これは私の経験からくるものですが、まず行動することのほうが物事の成功率が高いといえます。

じっくり考えることを否定するものではありません。多くの選択肢をよく調べたうえで熟考に熟考を重ねたあと結論に達するのは、これはこれで大事なことです。しかし、すぐに実行できないときというのは、往々にしてくよくよ考えてしまい、結局すぐに動けなかった不利益のほうが圧倒的に多かった記憶があります。「相手はどう思うだろうか」とか、「まわりからなんと言われるだろうか」とか「しばらく時間を置いてからにしよう」と行動しない理由や言い訳が先に立ち、行動に踏み込めず、成果を上げられなかった記憶です。

あまり考えずにすぐに行動してしまうと大きな失敗を招くのではないか、という反論も聞こえてきそうです。特に、多額の費用をかけるような仕事こそ慎重に事を運ばなければいけないという意見も出てくるでしょう。確かにもっともなことで、多くの場合その通りです。しかし、すべてがすべて石橋を叩いて渡ったり、あるいは石橋を叩いたあともう一度叩いて渡らなかったりすることは、リーダーのとるべき行動ではないと言いたいのです。

課長時代、私はあるビジネスの件で上司のA部長に相談に行きました。「この件を成功させるには、B社のキーマンであるC氏を説得する必要があります」と話したところ、部長はその場で携帯電話からC氏に連絡をしてくれました。

また、同じA部長に、ある土地の購入について説明したところ、場所が車で20分くらいのところだったのですが、説明を聞き終わるや否やA部長は車を飛ばして現地を見に行ってくれました。

これです。これなのです。

リーダーはまず行動するというのは、A部長の迅速な行動をいうのです。

知人の経営コンサルタントによると、経営再建に成功した経営者には共通点があるといいます。それは、**いいと思ったことをすぐに実行に移す**ことだそうです。

反対に、やらなければと思うのに、なかなか踏み切れず時間だけ経過してしまう、つまりすぐに行動できないタイプの経営者は、たいていチャンスを逃し失敗するのだといいます。

「まず行動する」というのは、仕事の進捗が速いということではなく、仕事に着手するのが早いということです。

いいですか、「速い」ではなく「早い」なのですよ。

第43講
冷暖自知

明治維新に対して、私は三つの点で高い評価をしています。

一つは、統治体制だけではなく、政治、経済、科学、文化などあらゆる分野で改革を行い、近代化、西洋化を進めたことです。

二つは、江戸無血開城に代表されるように、体制転換の重要な節目において一滴の血も流さず、最終的には話し合いによって〝革命〟が成し遂げられたことです。

三つは、驚異的なスピードで改革を成就したことです。

ここでは、三つめの驚異的なスピードについてお話をしましょう。

これでも鉄道マンの端くれですから、明治維新で一番注目したいのは、鉄道です。

1872年、新橋・横浜間に鉄道が開通しました。

明治5年ですよ。数年前までちょんまげ姿で歩いていた日本人が、列車を走らせたのです。線路の敷設や車両の調達は、欧米から人材と経験を持ち込めば何とかなると思いますが、実際に列車を走らせたということに驚きます。列車を運行するためには、特に定期的にダイヤ通り列車を走らせるには、かなり高度な運営システムに習熟することが必要です。それを、明治5年に間に合わせたことに感心します。

ほかにも、明治4年に郵便制度が創設されました。明治5年には学制が公布され、義務教育が開始、明治6年に地租改正という税制の大改革が行われました。並行して、各地に工場を建設し産業の振興を図りました。

憲法の発布、国会の開設といった近代国家の骨格づくりも明治の中ごろにはほぼ完了していました。このころには、国力がヨーロッパの中堅の国々に並ぶレベルまで達していました。

山岡鉄舟は、勝海舟、高橋泥舟《でいしゅう》とともに幕末三舟と称され、明治維新の陰の立役者といわれます。剣、禅、書の達人でもある鉄舟は、いくつかの書物を著していますが、その中の随想録『無刀流剣術大意』に次の言葉があります。

水ノ口中ニ入リ冷暖自知スルガ如シ(みずのこうちゅうにいりれいだんじちするがごとし)

「冷暖自知」は禅の言葉です。目の前にある水が温かいか冷たいか見ただけではわからないが、手を入れるか飲んでみるとおのずとそれがわかる、という意味です。本を読み、人から聞くだけの借り物の知識でなく、自分自身の行動と体験を重視する考え方です。一言でいうと、**まずは行動しなきゃ何事も理解できませんよ、身につきませんよ**と教えているのです。

まず行動する。

この考えは、鉄舟だけでなく維新のリーダーたちに共通するものです。

それが、驚異的なスピードで改革が実現できた最たる理由だと私は考えています。

第44講
信じて即実践

赤字続きのＪＲ九州の外食部門が再建できたのも、猛烈に勉強したことをすぐに実行したからです。

１９９３年4月、外食事業部に着任したあとすぐに行動を起こしました。

最初にやったことは、すべての店舗を見てまわることです。店を見てまわって、問題を発見したときは、その場で対策なり改善なりを指示しました。

また、店舗巡りと並行して、猛烈な勉強をしました。

最初の2週間は、書店で飲食店の経営に関する本を10冊かそれ以上購入し、片っ端から読み漁りました。

余談ですが、そのとき飲食店の経営者を羨ましく思いました。飲食店の経営に関する本が書店にずらっと並んでいて、一方、鉄道経営の本は一冊もありませんでした。

また、本による勉強と並行して、外食業を営んで成功している企業を訪問し、経営幹部から経営のノウハウを教えてもらうことも続けました。

さらに、外食業専門のコンサルタントからも多くのことを学びました。

本、企業、専門家と先生役には事欠かなかったわけです。

その中で一冊の本との出会いが一番勉強になりました。

レストランチェーンのロイヤルに長く勤めておられた、外食専門の経営コンサルタントの井上恵次さんの著書『店長の仕事』です。その本を最初の30ページくらい読んで、「これだ！」と思いました。飲食業の素人である私にもわかりやすく、それでいて飲食店経営の神髄のようなものにも触れられています。書かれてある内容は、一つひとつ理に適っていて、飲食店の店長がなすべきことが具体的かつ実践的に述べられています。私にとっては最高のバイブルを見つけた気分になりました。

さっそく店長たちとともに、『店長の仕事』の教えをすぐに実行していきました。すぐに成果が出始めました。就任の前年に8億円だった赤字が、就任2年目に2億円にまで圧縮することができ、3年目に赤字がなくなり念願の黒字となりました。

リーダーはまず行動することが大事です。その一つとして、「これだ！」という本を一冊見つけたら、迷わず**ひたすらその本を信じ、その本の教えの通りにすぐに実践する**。このことが目的を成し遂げる一番の近道だと知りました。

本だけではありません。これは、と思う人の助言は少しも疑うことなく実行に移すといいでしょう。それも、「すぐ」が決め手となります。

第45講 失敗は勉強

リーダーはまず行動するべし、と述べてきました。むやみに行動に走ると失敗するのではないか、というような反論もあろうかと思います。もちろん、失敗することもあります。しかし、じっくり考えたあとに行動しても失敗します。同じように失敗するなら、まず行動したほうがいいでしょう。

成功した経営者に共通する考え方は、**失敗するなら早めに失敗**し、その失敗を勉強材料としてその先の成功につなげようというものです。

ユニクロを世界的な企業に育てた柳井正氏は、「10回新しいことを始めると9回は失敗した」と豪語します。

1984年にユニクロ1号店を広島市にオープンさせたあと、同じ市内のビルの2階に出店しました。この2号店が惨憺たる結果に終わりました。2号店が失敗の1号店になったわけです。当時の1号店の年間利益7000万円ほどが吹っ飛んだといいます。柳井氏は、ここでへこたれません。失敗の原因はすぐにわかりました。立地です。「2号店の失敗は、それからの立地を考えるうえでとても勉強になった」と柳井氏はいいます。その後、社員たちに立地の重要性を説いています。

1999年、宇宙開発事業団（NASDA）はH‐Ⅱロケット8号機を種子島宇宙センターから打ち上げました。しかし、打ち上げ直後に制御部分が不具合を起こし、地上からの指令により爆破、小笠原海域に墜落してしまいます。開発責任者は、なんとしても原因を究明し、次につなげたいと思い、多くの人の協力を得て水深3000メートルの海底から墜落したロケットのメインエンジンを引き上げました。

そのエンジンを徹底的に調査、分析することでさまざまなことを解明できました。8号機の失敗を教訓として猛烈に学習した結果、その後のH‐Ⅱロケットの打ち上げの数々の成功につながったのはご存じの通りです。

ホンダの創業者・本田宗一郎氏も、失敗を何度も乗り越え、ついには勝利を手にしています。オートバイメーカーとして名声が高まっていた1962年、同社は四輪自動車メーカーへの転身を図ります。

この年、ホンダ初の四輪車S360とT360を発表したのです。そして1964年に宗一郎氏は世界的なカーレースF1への参戦を表明します。しかし、初参戦した第6戦ドイツGPでレース中に車が大破し脱落。その年のあとのレースでもオーバーヒートによるリタイアを繰り返しました。翌65年も、Ｆ１に挑みましたが揮《ふる》いませんでした。
ところが２年後の１９６６年には、第10戦メキシコＧＰで11戦目にしてついに優勝をつかみ取ります。宗一郎氏の、失敗をものともしないで困難なことに敢然と挑戦していく姿には、感服するほかありません。宗一郎氏の思いが次の文章からも伝わってきます。

「失敗するのが怖いんだったら、仕事をしないのが一番だ。きみたちが定年で会社を辞める時には『みなさんのおかげで大過なく過ごすことができました』というようなバカな挨拶をせんでもらいたい。和気藹々《あいあい》の中で『お前はいろいろ失敗したが、こんな大きな仕事もしたじゃないか』と言ってもらえるような生き方。これが充実した人生だと思う」

また、宗一郎氏は失敗についてこうも述べています。

「失敗と成功はうらはらになっている。喜びと悲しみが同居しているように、成功と失敗は同居している。それだけに、失敗の回数に比例して、成功しているということもいえる。みんな失敗を厭《いと》うもんだから成功のチャンスも少ない」

失敗は覚悟したうえで試すこと、トライすること、つまりまず実行することの重要性を強調しているのです。

第六条

勉強する

第46講
勉強しないリーダーはいない

リーダーは、つねに勉強しなくてはなりません。

どんな状況に置かれても、的確な判断をすることが求められます。そのため、さまざまな物事に関して、幅広い情報と知識を頭に入れておかなければいけません。

第3講で触れた『孫子』にも、「将とは、智、信、仁、勇、厳なり」とリーダーに必要な五つの資質が述べられています。

勉強というのは、最初の「智」にあたります。「智」とは、情報と知識をもとに物事の本質を見抜き、先を見通す力のことです。

成功した経営者といえば、その創造的な発想やさまざまなパフォーマンスばかりが注目されがちですが、猛烈な勉強をやり抜いたからこそ大事業を成し遂げることができた人がほとんどです。あまり表に出てきませんが、事実はそういうことです。

私のよく知っている地方都市の首長さんの話をしましょう。

その人の演説の上手さは、他の政治家と比べても群を抜いています。パワーポイントを効果的に使い、メリハリの効いた声で原稿などはまったく見もせず、というより最初から原稿は持たず、1時間以上のスピーチを少しの重複もなく、また足りないところもなく、気持ちを込めながら朗々と聴衆に語りかけます。政治家の演説は何百回と聴いていますが、恐らく一番上手で、実際最も感動させられるのがその人の演説です。まるで長いセリフを暗記して舞台で演じる役者のようで、これぞスピーチの天才だと。

しかし、ある日彼の側近にこっそり聞いたところ、天才ではなかったのです。

演説当日までの準備に相当なエネルギーと時間を費やすというのです。

まず、スピーチの原稿のあらすじを整理し、あらすじに肉付けするために膨大なデータを調べ上げます。数字、時期、人名、場所、関連する書物の中身などを徹底的に勉強します。パワーポイントの資料づくりは部下が担当しますが、その細部にわたり、きめ細かい指示が飛びます。原稿が出来上がると、それを何度も読み返し、すべて頭の中に叩き込みます。そして、実際に何度も本番同様にスピーチの練習をします。そうした猛勉強のあと、当日の演台に立つのです。

リーダーは、**もともと天才なのだと思われるくらいに毎日勉強しないと務まらない**ということですね。

野球の元大リーガー、イチロー氏は、こう述べています。

「努力せずに何かできるようになる人のことを『天才』というのなら、僕はそうじゃない。努力した結果、何かができるようになる人のことを『天才』というのなら、僕はそうだと思う。人が僕のことを、努力もせずに打てるんだと思うなら、それは間違いです」

齋藤孝さんは日本を代表する教育学者で、テレビや雑誌、各種セミナーでも引っ張りだこ。その教育論は「齋藤メソッド」と呼ばれ、教育現場はもちろん、ビジネスの分野でも数多くの現場で活用されています。だから、多数のビジネス書や啓発書も世に出しています。

そんな齋藤センセイのお薦めが、福沢諭吉の『学問のすゝめ』です。タイトルは聞いたことがあると思いますが、原文を読んだ人はそうはいないでしょう。明治の文体ということもあり、今やすっかりとっつきにくいものになっていました。齋藤センセイは、もっと読まれてもいい普遍的な名著だと考え、若い人にも読みやすいようにと『現代語訳　学問のすすめ』という本を出版しています。その中から、学問、勉強に関する部分をそのまま紹介します。

この人間の世界を見渡してみると、賢い人も愚かな人もいる。貧しい人も金持ちもいる。また、社会的地位の高い人も、低い人もいる。こうした雲泥の差と呼ぶべき違いは、どうしてできるのだろうか。その理由は非常にはっきりしている。『実語教』という本の中に、「人は学ばなければ、智はない。智のないものは愚かな人である」と書かれている。つまり、賢い人と愚かな人との違いは、学ぶか学ばないかによってできるものなのだ。

勉強しないと偉くなれませんよ、リーダーになれませんよ。とにかくそういうことです。

第47講 **明治維新の猛勉強**

明治維新のリーダーたちは、想像を絶するような猛烈な勉強をしています。

彼らは、幕末にペリーが浦賀にやってくるまで、外国人と接する機会がまずありませんでした。200年以上もの間、日本は鎖国をしていたのですから、当然といえば当然です。わずかに、長崎を窓口としたオランダと清（中国）との交易からのみ、海外の情報を知ることができました。

明治時代を迎えるほんの少し前から、そんな日本人たちが、ちょんまげ姿でエッフェル塔の前に立ち、紋付き袴でテムズ川を渡り、政治、経済、社会、文化、科学などあらゆる西洋文明を日本に持ち帰ろうと必死に勉強するのです。そして、**勉強したことを日本に持ち帰り、すぐに実行に移しました。**

役人、民間人を問わず、心ある者はこぞって欧米に渡航し勉強に努めました。中でも、最も勉強し、最大級の成果を挙げたのが、岩倉使節団の欧米視察でしょう。

この使節団は明治4年11月から6年9月にかけて、1年10ヵ月を費やし欧米各地を歴訪しています。幕藩体制の解体からわずか4年後に、倒幕のリーダーだった岩倉具視自らが特命全権大使となり、同じく中心人物だった木戸孝允と大久保利通らが副使となって、欧米をめざして出発したのです。

倒幕という革命の直後に、そのリーダー格だった3人が揃って海外に出向き、新しい国づくりの勉強をするなんて、いったいそんな国がどこにありますか。

使節団には、伊藤博文をはじめ次世代を担うエリートたち50人ほどと若い留学生50人ほども同行していました。渡航前に彼らが中心となって、あらかじめ勉強（調査）をする項目を定め、組織的な探索が実行されたといいます。訪問先は12カ国、１２０地方。

政治・行政から軍事、外交、経済、産業、教育、宗教、交通、通信、文化、娯楽まで、西洋文明のあらゆる分野をまるごと吸収すべく、真摯《しんし》で懸命な調査が行われました。また彼らは、行く先々で積極的に君主や宰相、大企業のトップや一流の学者と交わり、西洋文明の実態を理解し把握することに努めました。英国などでは全国各地をまわり、鉄道や通信施設はもちろん炭坑や製鉄所から、ビール工場までつぶさに視察することで、産業革命の実態に迫ろうとしています。

この視察は、研修合宿のようだったといわれています。日中の視察と勉強から宿舎に戻ると、夜間はみんなで熱い議論を戦わせたといいます。

このような岩倉使節団の猛烈な勉強があったからこそ、その後の日本の進むべき方向が決まっていったのだと私は考えています。

第48講 **勝海舟も猛勉強**

明治維新の最大の功労者、勝海舟も物心がつくころから幕府の要人になるまでずっと死に物狂いで勉強しています。

第9講などでも述べたように、私は大の海舟ファンなので、「勝っつぁん」と呼びます。

勝っつぁんは、文政6年といいますから西暦で1823年、今から200年ほど前に、旗本・勝小吉の長男として生まれます。この小吉のお父っつぁん、徳川幕府に仕える武士の中で最下級のところにいて家禄（収入）も少なく、おまけに生涯何の役職にも就きませんで、家は貧乏の極みでした。そんな家に生まれた勝っつぁんは、少年時代から文武両道に秀でていました。18歳で島田虎之助の剣術道場の内弟子となるほどの腕前で、剣術修行に励みながら毎日座禅を組んでいました。

また、西洋兵学を志し、勉強にも打ち込みました。猛烈な勉強ぶりは近所では評判になりました。当時高価で手に入りにくかったオランダ語の辞書をどうしても読破したいと思い、その本の持ち主に頼み込み、〝コピー〟させてもらうことになりました。コピーといいましても、当時は今のようなコピー機なんてありませんから、筆で書き写すしかありません。毎晩持ち主の家に通うこと半年、とうとう分厚い本を丸々書き写してしまいます。

日中は剣術の鍛錬、夜中は書写と学問に没頭し、早朝に座禅を組む。この過酷な日々、凄まじい精進があったからこそ、無役の貧乏御家人から這い上がり、国を動かす大仕事を任されるようになったといえます。

勝っつぁんは、28歳のとき、雨が降れば雨漏りがするような自宅で蘭学塾を開きます。そんな博学ぶりを知った幕府は、勝っつぁんを役職に登用、33歳で長崎の海軍伝習所に赴くことになりました。伝習所には、勝っつぁん以外にも幕府や諸藩から選りすぐりの人材が送り込まれました。ここで、オランダの士官より航海術の訓練を受けたわけですが、オランダ語の辞書を精読していた勝っつぁんは理解も早かったと見え、一番優秀な成績で修了しています。

１８６０年、勝っつぁんが38歳のとき、艦長として咸臨丸で太平洋横断を果たしました。帰国後、念願の近代海軍を建設する仕事に取りかかります。

１８６８年、戊辰戦争が勃発し、江戸が新政府軍に囲まれたとき、勝っつぁんは実質上幕府の代表となっていました。新政府軍側の西郷隆盛と会談して江戸の無血開城を実現させたことは、**第8講**で述べた通りです。

勝っつぁんは、幕府の中でも最下級の旗本の家に生まれたため、到底出世など望むべくもない身分でした。

激動の時代とはいえ、海舟の前例のない出世と、国に対して誰も成し得なかった偉業は、**自身の猛烈な勉強がもたらした**ものだといえるでしょう。

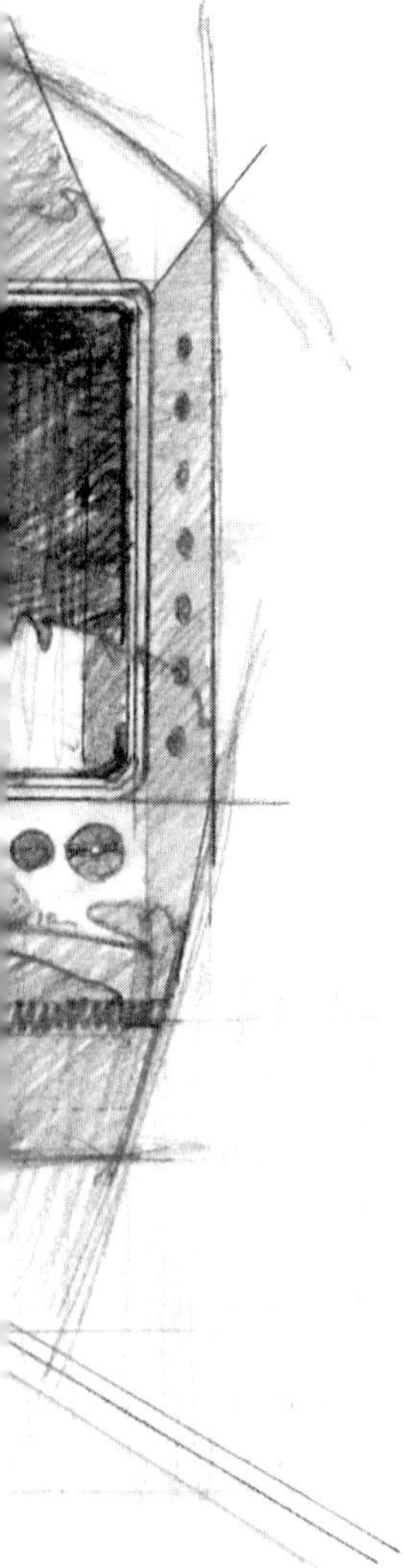

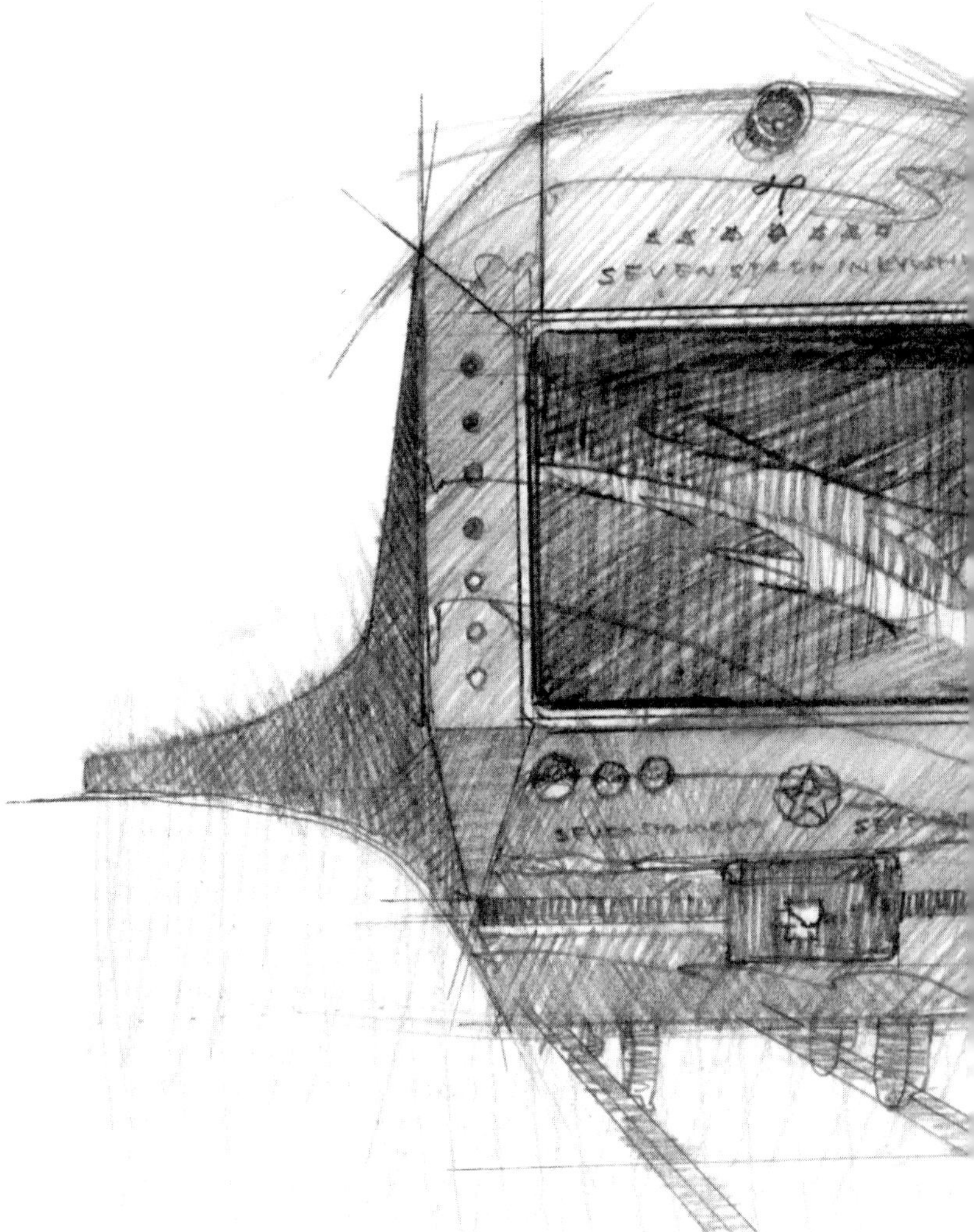

これこそななつ星。これこそ水戸岡さん。
最後尾だけど一番の顔。この車窓により、
ななつ星の701号室は一番の憧れの客室に。

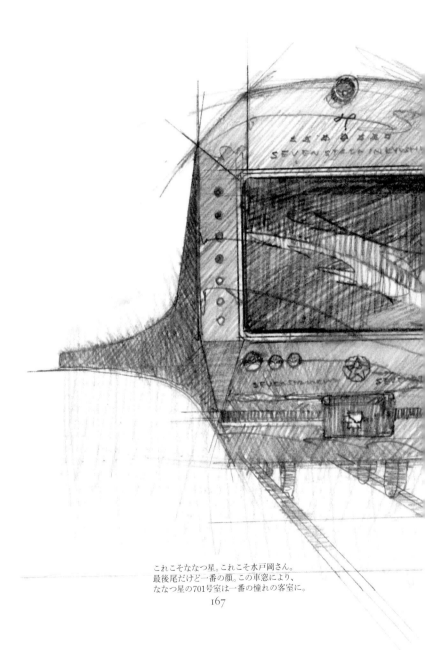

第49講

名経営者の猛勉強

ソフトバンクグループの孫正義氏は、「**自分は世界で一番勉強した**」とあっさり言い切ります。まったく気負いが感じられません。猛勉強を苦にしたという様子は微塵もありません。人間として当然のことをしたまでだ、といわんばかりです。

あるパネルディスカッションでご一緒したとき、その話しぶりのわかりやすさとおもしろさにはいたく感じ入るものがありました。パネル方式で「夢」「信念」「勉強」とか経営哲学を並べ、全体を眺めながら説明を加えていく。そして実はその包括的テーマが、本人の大好きな坂本龍馬であったりと、きちんとオチまでついている。

孫氏は、少年時代から一人の英雄に憧れます。その人こそ、坂本龍馬です。ソフトバンクのロゴマークは、黄色の2本線ですが、これは龍馬が長崎につくった海援隊の隊旗のデザインから取ったものです。

龍馬は若くして土佐藩を脱藩し江戸に上りました。最初は剣術修行を目的としましたが、多くの人と出会う中で世界に視野が広がります。のちに薩摩と長州という、当時対立していた幕末の二大藩の仲を取り持ち、薩長同盟を結ばせ倒幕の大きなきっかけをつくりました。いわば、歴史を動かしたわけです。

孫少年は、物心ついたころにはもう、憧れの龍馬と同じ人生を歩もうと決意します。まるで龍馬が土佐藩を脱藩したように、孫少年も福岡の名門である久留米大学附設高校をわずか3カ月で中退します。孫氏は日本国内ではなく、いきなりアメリカをめざします。単身渡米し、英語のハンディを乗り越え、独学で名門中の名門、カリフォルニア大学バークレー校に入学します。

大学在籍中の孫氏の勉強ぶりは尋常ではありません。トイレに行くときも、食事をするときも、教科書を手放しません。道を歩くときも教科書を読み、運転するときもカセットテープに授業の内容を録音したものをイヤホンで聴いたそうです。睡眠時間も最小限にし、勉強に没頭しました。

日本電産の創業者・永守重信氏も猛烈な勉強を積み重ねてきた一人。というより、勉強の権化のごとき人物です。同社の三大精神は、「情熱・熱意・執念」。そしてよく知られたワーディングが「知的ハードワーキング」「すぐやる、必ずやる、できるまでやる」。

私は永守さんに迫力やスケールはとても敵わないけど、それに私よりずっと社員にも厳しいけれど、ひとつ共通点がありまして、私と同じで社員に対してものすごく愛があるんです。だから、社員に対しても多くを求めることができる。

「知的ハードワーキング」はすなわち、猛烈な勉強を意味します。

創業当初は日本企業からの受注に苦戦していました。そこで、永守氏は米国での営業に力を入れようと考えました。永守氏自身が渡米し、熱心なセールス活動を展開します。

ほとんどの企業からは門前払い同然となりましたが、運よく3M（スリーエム）社との商談に漕ぎつけました。3M社からカセットテープ向けのモーターを5億円分受注することに成功したのです。その際、どこまで小さくできるかと聞かれ、永守氏はとっさに「3割小さくする！」と約束してしまいます。帰国後は、また猛勉強。3割小さくしたモーターを開発すべく、徹夜で試作を繰り返します。そして、ついに期限までに約束通りの製品を完成させたというわけです。

この3M社からの受注が転機となり、日本電産は業容を急速に拡大していき、今や世界一の小型モーターメーカーとなりました。

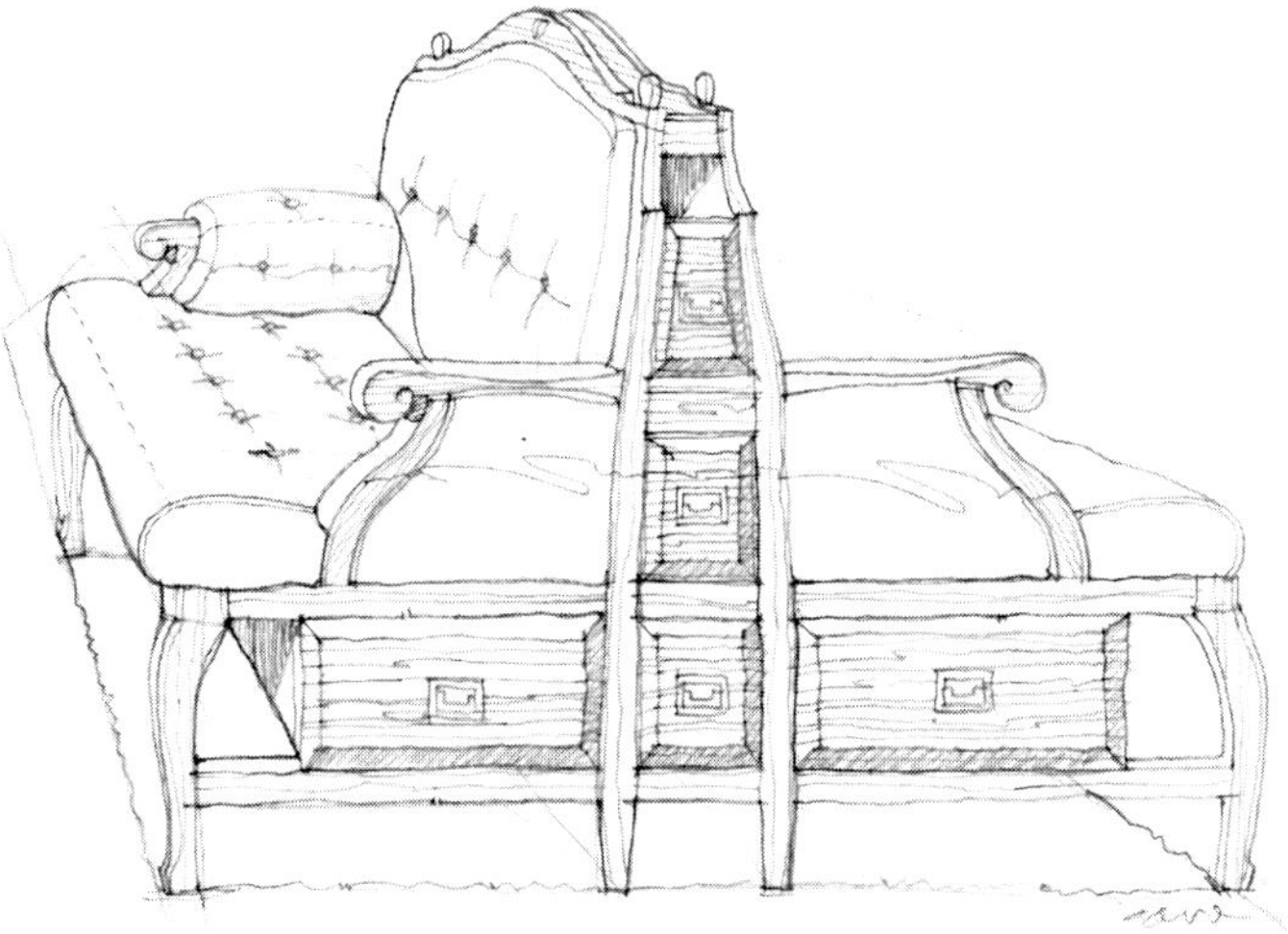

私から提案したコンセプト「クラシック」と
水戸岡さん一流のモダンデザインが融合し、
こうといったソファや調度が車内に配された。

第50講 ななつ星も猛勉強

JR九州が2013年に世に出した豪華寝台列車「ななつ星」も、猛烈な勉強の産物です。ななつ星構想を打ち出した当時、寝台列車としては、東京、大阪と札幌を結ぶ3本の列車だけが運行されていました。しかし、この3本の「従来型」の寝台列車は、ななつ星とはまったく性格の違うものでした。

これらの「従来型」は、A地点からB地点への移動手段としての機能を有していました。この機能は、鉄道本来の使命だから当然といえば当然ですが。

ななつ星は、「従来型」と本質的に違います。博多駅を出発し、4日間で九州を一周し再び博多駅に戻ってきます。目的地に向から移動手段ではなく、列車に乗ること自体が目的となっているのです。そのため、列車の中で過ごす時間が魅力的でないと商品として成り立たなくなるという、まことに〝やっかい〟な列車です。

もう一つ大きな違いがあります。これまでの寝台列車は、主に夜間に1泊だけ走行するためにつくられています。夕方に出発し、車中で1泊して翌日午前中に到着するという形態です。ななつ星は、3泊4日のほとんどの時間を列車で過ごします。つまり、お客さまはななつ星の中で生活することになるのです。そのために、列車の中に生活できるような空間を用意しなければいけません。生活できる設備や機器をしつらえる必要があります。

特に洗面台、トイレ、シャワーといった水回りを充実させなければ、生活はできません。例えばいったいどれだけの水を貯蔵しておけばいいのか、当初は誰も皆目見当がつきませんでした。

なぜならば、ななつ星の手本となるものが日本には見当たらなかったのです。それゆえ、ななつ星が提供する車内設備やサービスについては、自分たちでゼロから勉強し、考えに考え抜かなければならなかったわけです。

ななつ星プロジェクトチームのスタッフの猛勉強ぶりには、社長の私も頭が下がる思いでした。もちろん私も負けずに必死で勉強しました。デザイナーの水戸岡鋭治さんも、デザインに着手する前にいつもよりはるかに多くの時間を勉強に割きました。

水戸岡さんやスタッフが手分けしてオリエント・エクスプレスはじめいくつかのヨーロッパの豪華列車の視察を精力的に行いました。合わせてそれら列車の運行会社を訪問し、技術面、車内サービス面、営業面などさまざまな課題について綿密な聞き取り調査を行いました。

ななつ星は、斬新な発想により誕生したのではありません。

猛烈な勉強がななつ星を成功に導いたのです。

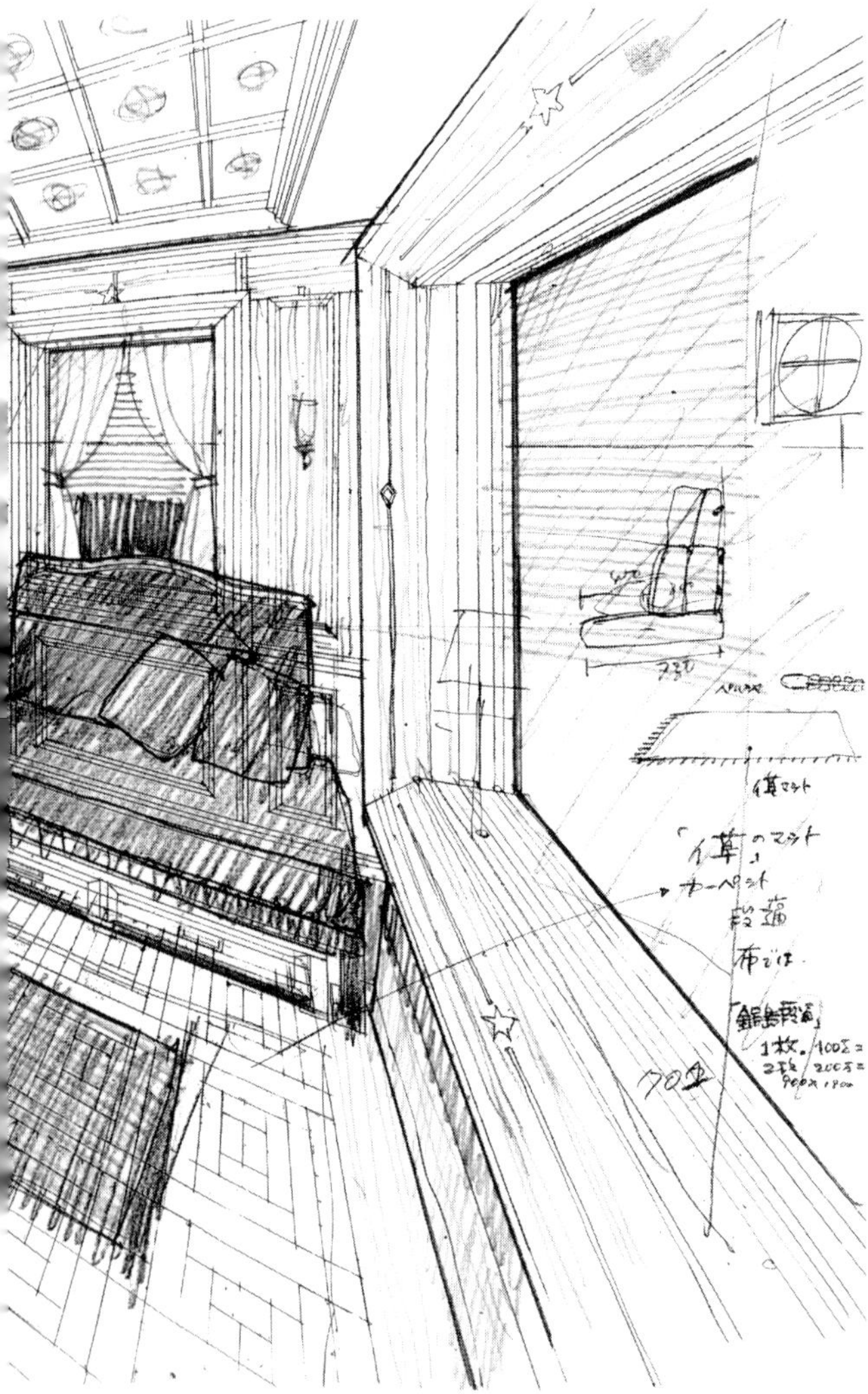

イ草マット
「イ草のマット」
カーペット
段通
布では
「鍋島段通」
1枚。100万
2枚 200万

デラックススイート701号室のデザイン。
右の大きな窓から見えるのは後方へ走り去る景色と線路。
まるで人生のようで、最も贅沢な車窓風景だと私は思う。

第51講 簿記入門

私自身の最近の勉強について少しお話をしましょう。

みなさんは、簿記の資格を持っていますか。持っている人はどれくらいますか。恥ずかしい話ですが、私は簿記については最近まで何の資格も持っていませんでした。簿記を真剣に勉強したことも4年前までありませんでした。

一方、これまでJR九州の子会社の社長を4年務め、JR九州の社長の5年も含め取締役として通算20年以上も会社の経営に関わってきました。その間ずっと会社の損益計算書、貸借対照表、キャッシュフロー計算書などの財務諸表を見てきました。財務諸表というのは、経営の通信簿といわれており、**経営者は、必ず財務諸表に通じていないとやっていけません**。私も、出来上がった財務諸表についてはその内容を読み解くことができます。

しかし、それら帳簿の作成過程や仕訳、転記などの簿記の細かいルールについては、正直なところ、あまり詳しくはありませんでした。

簿記には、単式簿記と複式簿記があります。私たちが普段会社で活用しているのは複式簿記です。

複式簿記は、14世紀にイタリアの商業国家ジェノヴァ共和国の商人たちが債権債務の記録を行なった方法が起源とされています。歴史家ジェイコブ・ソールの名著『帳簿の世界史』(文春文庫)にそう記述があります。700年に及ぶ簿記の歴史は、企業経営の歴史でもある、と著者は説いています。

その本に影響されたわけではありませんが、社長を退任し多少時間に余裕ができたこともあり、4年前、還暦をやや過ぎたときに、突然思い立ちました。

「簿記検定試験を受けよう」

めざすは、商工会議所主催の簿記検定試験の3級です。

試験当日の朝、試験会場の最寄り駅に着きますと、休日なのにホームが大混雑です。駅から会場の大学の教室まで行列が続いています。全員が受験生に違いありません。20代の若者がほとんどで、中には高校生らしい制服組もちらほらいました。まわりの人たちは、私を試験監督か大学の教授と思ったことでしょう。

なるべく怪しまれないように気をつけながら、指定された教室に入り、指定された席に座りました。この時点で、試験監督でも教授でもないことが判明しました。間違いなく簿記検定の受験生です。それも入門編の3級のそれです。

当時流行し始めたインフルエンザの感染防止に見せかけるように、席に着くとかばんからマスクを取り出し着用しました。

「これなら大丈夫、ＪＲ九州の前社長とばれないだろう」と、高をくくっていました。

定刻となり、商工会議所の職員らしい試験監督が問題用紙を各受験生の机の上に配ってまわります。ちらっと横目で見ると、幸い顔見知りの商工会議所の人ではなかったので安心していますと、私の前に来たとき小声で「ご苦労様です」と頭を下げるではありませんか。ばれていました。

それでも、問題用紙に向かうと雑念が消え失せ、問題を解くことに集中できました。１カ月間の猛勉強も無駄ではなかったなと思いながら、時間ぎりぎりまで格闘しました。

１カ月後に商工会議所から郵便が届きました。封を切る前から、これは絶対に合格通知だと念じていました。

結果は、年齢より少しだけ高い点数で合格となりました。とにかく合格に変わりはありません。

やっとジェノヴァの商人に追いついたというわけです。

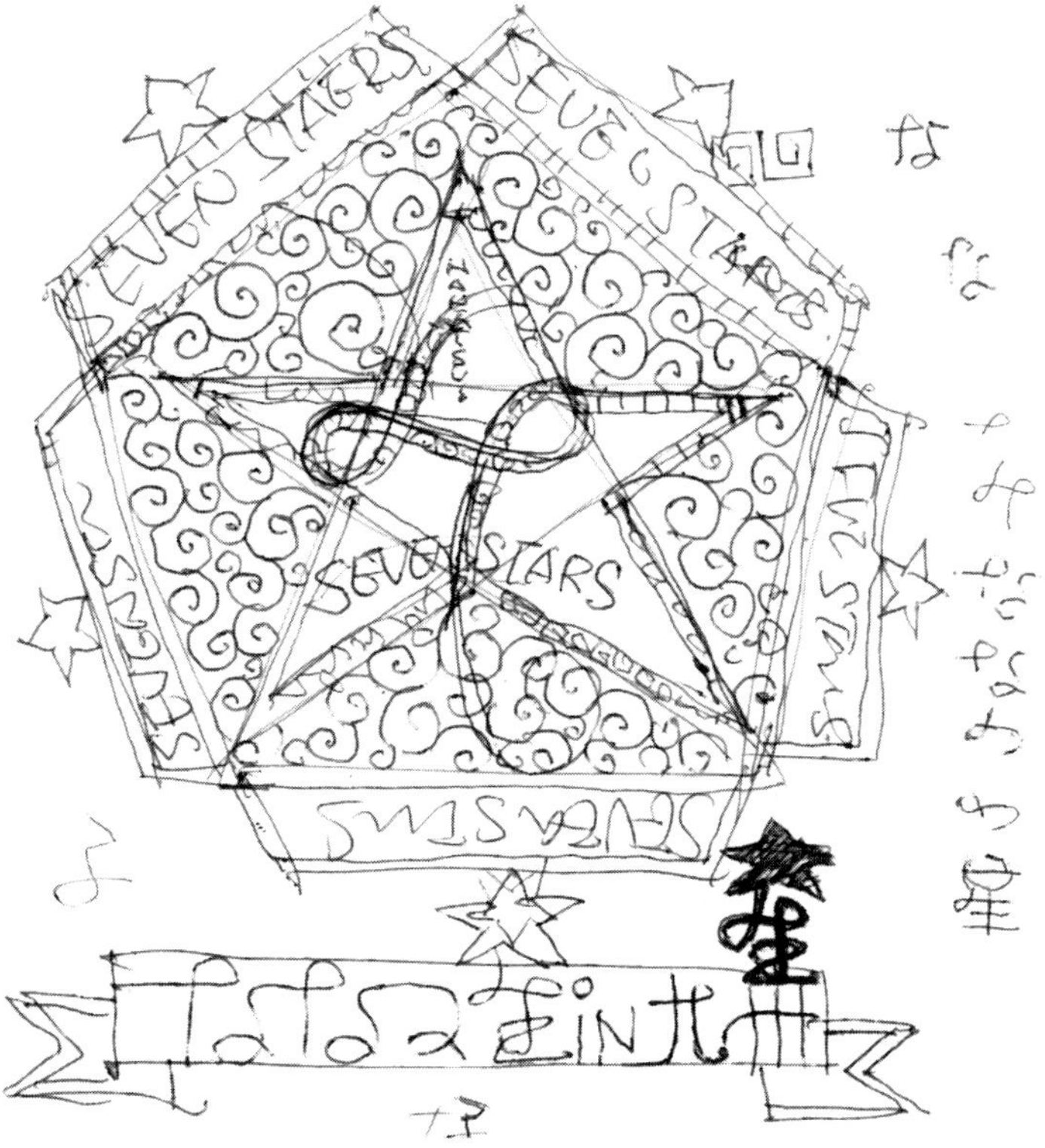

水戸岡さん、これナンだっけ？ 思わずそう問うた
デッサンは、当選したお客さまに贈られる旅行鞄用の
革タグ。細部に至るこの凝りよう、すごい！

第52講
名言「日めくり」

この講座の中では、松下幸之助氏の逸話なり言葉なりをリーダーのお手本の事例としてよく引用しています。それは、私が幸之助氏を心から崇拝しているからです。

崇拝し始めたのは、管理職になってからではありません。そのずっと前の社会人になったときでもありません。おそらく、小学生のときです。2年生か3年生のころだったと思います。人生で初めて読んだ伝記が松下幸之助氏だったのです。それから、エジソン、野口英世、豊臣秀吉と次々に読んでいった記憶があります。当時は、今よりも読書が好きでしたから、伝記ものはかなりたくさん読みましたが、一番印象に残ったのは、最初に読んだ松下幸之助氏です。

先日自分の持ちものを整理していましたら、小学校の卒業文集を発見しました。何を書いたか忘れていましたが、ページをめくっていくと私の寄せた文に行き当たりました。なんと、1行目にこんなことを書いているのです。

「松下幸之助のような人になりたい」

JR九州の社長に就任したころ、10年ほど前に、パナソニックの幹部の方とお会いしたとき、「私は子供のころから松下幸之助氏を一番尊敬している」という話をしました。その方は次にお会いしたとき、幸之助氏の格言入りの〝31日分〟の日めくりカレンダーをくださいました。一日一枚で、日付の下に大きな文字で経営の神様と謳われた松下幸之助氏の言葉が筆文字で書かれています。〝31日分〟というのは、毎月同じ日に同じ言葉を読むことができるわけです。

聞きますと、その日めくりカレンダーは毎年新しいものがつくられるとのこと、ぜひ毎年いただきたいと無心してしまいました。今年で、12冊目になりました。驚くことにほぼ同じ言葉はありません。幸之助氏がいかにたくさんのことに気づき、たくさんの言葉を発信してくれていたかがわかります。

出勤して会社の会長室のデスクの前に立つと、正面の壁に吊るしているその格言カレンダーが目に飛び込んできます。椅子に腰かける前に必ず幸之助氏の言葉を確認するのが習慣になっています。毎月同じ日に同じ言葉を読むわけですが、なぜかいつも新鮮な気持ちになるのです。

今年のカレンダーで、特に気に入っている言葉を紹介しましょう。

10日「体験は何にもまさる宝」
25日「好況よし　不況さらによし」
28日「困難なときほど率先垂範」
29日「夢ある人は皆若い」

第七条

伝える

第53講 伝える力

リーダーが備えるべき重要な資質に「伝える力」があります。

リーダーの役割は、目的を達成するために組織を有効に動かすことです。その役割を根幹から支えるのが「伝える力」です。

リーダーは、自分が知り得た情報や頭で考えたことを組織のメンバーに伝えなければいけません。逆に、リーダーは、メンバーが知り得た情報や考えていることをできるだけ把握しなければいけません。この両方がないと、メンバーは自分勝手にさまざまな情報を取り、自分勝手に思い思いのことを考え、自分勝手に行動します。組織の目的を達成するためには、リーダーとメンバーが必要な情報を共有し、同じ気持ちになり、リーダーの示す方向に向かって、リーダーの描く戦略と方針に従い、ともに心と力を合わせて課題に取り組むことが必要です。

いいリーダーは、すばらしい「伝える力」を持っています。逆に、すばらしい「伝える力」がいいリーダーをつくるといってもいいでしょう。

「伝える力」というのは、コミュニケーション力のことです。

コミュニケーションには、さまざまな方法・手段があります。大きく二つに分けられます。一つは、言葉を用いる方法です。もう一つは、**言葉以外の別の方法**です。

言葉によるコミュニケーションには、話す、聞く、書く、読む、の四つがあります。

言葉以外のコミュニケーション、これはもうたくさんあります。いくつか事例を挙げます。

①　目は口ほどにものを言う、といいますが、一言も言葉を発せず情を込めた目つきだけで自分の思いを伝えることができます。

②　親の背中を見て子は育つ、といいますが、リーダーの背中を見て部下も自分の行動を考えます。

③　リーダーの陣頭指揮を見て部下は自分のなすべきことを知ります。リーダーの行動そのものが情報の発信源となります。リーダーの手のしぐさだけでも組織は動きます。

④　リーダーに面と向かうだけで、リーダーの考えていることが伝わることもあります。リーダーの表情や息づかいでリーダーの考えていることが伝わってくるのです。

⑤　絵や音楽など言葉以外の表現術で伝えることもできます。特に、軍隊のような組織では、進軍ラッパや笛、太鼓などの音が大事な情報伝達の機能を果たします。

このように、言葉以外のコミュニケーションもかなり有効だと考えますが、本書では、主に言葉によるコミュニケーションについて話を進めていきたいと思います。

第54講
伝えても、伝わらなければ、伝えたとはいえない

リーダーは、さまざまなことを部下たちに伝えなければいけません。ただ、伝えることが多すぎてもだめです。情報が過剰になると、どれが重要な情報かわからなくなります。

リーダーは、部下に情報を伝えるとき、優先すべき重要な情報とそうでない情報を選り分け、重要な情報は的確に伝わるようにしなければいけません。

リーダーが部下に伝えるべき重要な情報は、つぎの四つがあります。

一つめは、組織が進むべき方向を伝えることです。夢、ビジョンといっためざすべき最終地点は、何度も繰り返し明確に伝えなければいけません。さもなければ、組織全体がどこをめざして進めばいいのかわからなくなり、組織が単なる烏合の衆になってしまいます。また、夢の下位にある、夢を具体的に実現させる実行目標も部下たちに明確に示す必要があります。

二つめは、めざすゴールに向かって進むとき、どんなルートを通っていくべきかを伝えることです。つまり、夢や目標を実現するために、どんな戦略を持ちどんな戦術を用いればいいかということを明確に示す必要があります。

三つめは、今、何をすべきかについて伝えることです。夢も戦略もわかったが、じゃあ今何を

すればいいのかということがわからない状況がどの組織にもよく見受けられます。
四つめは、危機や問題を伝えることです。組織が危機に直面したときや問題を発見したときは、隠すことなくその危機や問題の状況とそれからの展望をできるだけ正確に伝えることです。

「伝える」ということは、リーダー以外の人が思っている以上に難しいものなのです。リーダー自身は伝えたと思っても、伝えられたほうからするとまったく伝わっていないということがよくあります。

「伝えても、伝わらなければ、伝えたとはいえない」という核心を衝く名言があります。

そうです。リーダーが、すでに部下に重要な情報を伝えたからもう私の役目は終わったと安心しても、実は部下のほうはリーダーの話の内容が理解できていなかったり、ひどいときには、話したこと自体も忘れていたり、といったことがよくあります。

古今東西の名経営者や優れたリーダーたちには、この言葉は当てはまりません。彼らはみな、「伝える力」を身につけており、コミュニケーションの達人と呼んでもいいでしょう。

伝え忘れておりました。
先の名言の作者は私です。

第55講 言霊《ことだま》のパワー

私が社長時代にいつも考えていたことは、リーダーとしてどうすれば部下たちに「伝える」ことができるかということです。特に「話す」ことに関して、私が心がけてきたこと、実践してきたことを五つ紹介します。

その一、自分で考えた言葉を自分の口から伝えようとしてきました。

ＪＲ九州も他の企業と同様に、年に何度も会社やグループの幹部を集めた会議で社長がトップリーダーとしてスピーチを行います。そうしたスピーチの原稿については、すべて私自身が自分の頭で考えて、下書きの段階から最終版まで１００パーセント自分で書き上げます。このことをビジネス誌の記者が取材に来たとき話すと、驚いていました。ふつうは、事務局と称する経営企画部や広報部、あるいは会議を主催する主管部がつくるものらしいのです。少なくとも原案は事務局が作成する場合が多いそうです。そんな話を聞いて、逆に私がびっくりしました。

その二、言葉が持っている絶大な力を最大限活用しました。

日本には、「言霊」という言葉が昔からあります。「言霊」とは、言葉に宿っている不思議な魔力という意味です。『万葉集』に、「言霊《ことだま》の　幸《さき》はふ国《くに》と語《かた》り継《つ》ぎ」という一節があります。現代語訳では「言葉が持つ力によって幸せになっている国と語り継がれている」となります。サザンオールスターズのアルバムにも、「愛の言霊」という名曲が入っています。桑田佳祐さんも『万葉集』のこの一節に感じ入った一人なのでしょうか。

私は、リーダーとして伝えるために、「言霊」を活用しようと奮闘してきました。わかりやすい言葉、心に刺さる言葉、要点を簡潔にまとめた言葉で、伝えたいことを伝えようとしてきたわけです。

その三、同じことをあらゆる機会に何度も伝えるようにしました。

特に、大事なことは聞く人の耳にタコができるまで何度も同じことを話したり書いたりしました。

大事なことというのは、目標、方針、重要な戦略・戦術、危機や問題が発生したこと、今何をすべきか、などです。そのほか、将来の展望とか社会の変化とか、社員に知っておいてもらいたいことは、**努めて何度も同じことを伝える**ようにしました。

その四、情報の数を少なく絞り込みました。

人は、一度に多くのことを知らされてもなかなか頭に入りません。伝えた情報の中に重要なことが含まれていても、その他多くの重要でない情報に混じって、重要な情報がぼやけてくることがよくあります。このことを私は、「それほど重要でない情報がとても重要な情報を駆逐する」と表現しています。聖徳太子は、一度に8人からまったく別々の話を聞いても、即座に8人それぞれに別々の答えを返したとされています。私たち凡人にはそんなことはできません。一度に聞いてせいぜい三つでしょう。三つくらいの情報なら理解することができるでしょう。百歩譲って最大で五つだと思います。

私は、伝えるとき、**重要な情報を三つないし五つに絞り込んで伝える**ことに心がけてきました。

その五、「気」が満ちあふれた「伝え方」になるようにしました。

「気」とは、気迫、気力、気合、元気、勇気、活気の「気」です。「気」については、ここでは多くを語りませんが、私は、人生においても仕事においても最も大事なものだと確信しています。伝えるとき、特に話して伝えるとき、この「気」がそれこそ「キー」（鍵）になります。私は、話して伝えるとき必ず言葉や話し方に**「気」を充満させて話す**ように心がけました。

姿勢を正し、相手の目を見て、大きな声で、メリハリをつけて、思いを込めて、自信たっぷりに、語りかける。これが「気」に満ちあふれた話し方です。

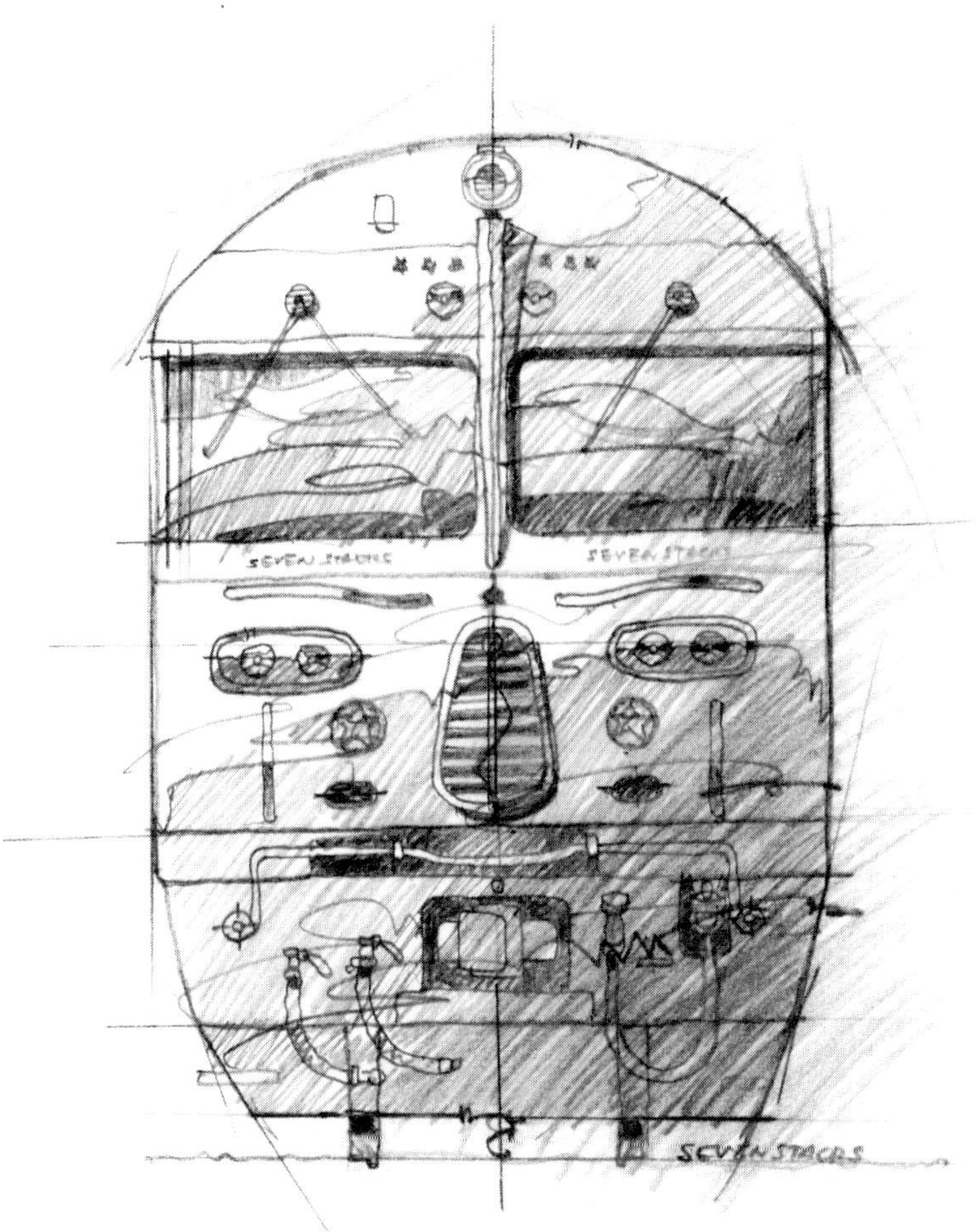

水戸岡さんのつくる車両は、いずれも
動物や人間の顔を模したものになっている。
ななつ星は、くたびれた中年の男の顔（?）。

第56講

安全をつくる

言葉の持っている不思議な力を「言霊」といいますが、私は社長時代、この「言霊」をさまざまな機会に活用しました。JR九州は、事業の多角化を進めたとはいえ、基本的には鉄道会社です。鉄道会社にとって、そして鉄道会社の社長にとって最大の使命は、輸送の安全を確保することです。そのために、私は、キャッチフレーズというかたちで言葉の力で社員たちに「安全」を強烈に意識させることに努めました。

●安全は守るものでもなく、そこにあるものでもなく、自らつくるものである

従来は、当社でも安全というと守るものというふうにすぐに捉えられていました。また、安全はあらかじめその現場に存在しているもので、何もしなくても安全がそこにあるとの思い込みもあったかと思います。

でもけっしてそんなことはありません。安全は、けっして誰かが用意してくれるものではありません。もともとその現場には安全は存在しませんから、守るものでもありません。安全は、自分の行動でつくり出していくものです。JR九州の安全に対する取り組みを「安全創造運動」といいますが、これは安全は自らつくるものというこの考え方から来ています。

●安全意識は眠りやすい

安全の意識は、ちょっと油断すれば、あるいは単調な仕事に慣れたときに薄れてしまうものです。

そのことを〝眠りやすい〟と表現しました。どんな優秀な社員でも、無事故を継続しているベテラン社員でも、入社間もない初々しくて緊張感を漂わせる若手社員でも、安全の意識は等しく〝眠りやすい〟ものです。

そんなことでは鉄道のプロとして恥ずかしい、と口をとがらせても始まりません。プロでも眠りやすいものは眠りやすいのです。

プロならどうするか。

最初から、安全意識は眠りやすいものなんだ、と覚悟することです。安全の意識は眠りやすいと割り切っているから、逆にその眠りからつねに目覚めるようなことをすればいいのです。眠りから覚ますには、ふつう体を動かしたり大きな声を出したりします。安全意識もそうです。眠らせないように基本動作を励行することです。しょっちゅう指差し確認をする。それも指先までちっと伸ばして大きな声で。このことで眠りやすい安全意識がいつでも目覚めます。

●あとひと手間、もうひと確認

どの仕事にも通じる格言です。仕事の仕上げにあとひと手間を加えるだけで仕事の出来栄えが違います。ひと手間にその人の思いが入ります。一つの仕事や作業の最終段階でどうしても気になるところだけもう一度チェックをする。そんな最後のもうひと確認が重大なミスを発見し事なきを得ることが少なくありません。仕事のできる人は、最後のひと確認が必ずなされています。あとひと手間、もうひと確認。安全をつくるうえで大切なことです。

●倦《う》まず弛《たゆ》まず

安全に関わる仕事は、ともすれば単調になりがちで飽きてしまったり、緊張感をなくしてしまったりします。そうならないように戒めの念仏として「倦まず弛まず」と唱えることです。念仏には必ずご利益《りやく》があるものです。

●動かすときは慎重に、止めるときは勇気をもって

これは列車の運転についての心構えの基本です。列車を始動させるときは、レール、信号、運転規制、お客さまの動向、線路設備の状況などを、臆病なまでに慎重に確認することが必要です。反対に、列車を停止させるときは、運転士であろうが、車掌であろうが、駅の社員であろうが、危険と認識すれば勇気をもってただちに停止のための行動をとるべきです。保線や電力の社員は、線路設備の異状を発見し列車を止める必要があると認めたときは勇気をもってただちに停止手配をとるべきです。

●なすべきことをなす

仕事に当たり、今自分の職務で何をしなければいけないか、何をすることが重要なのか、をつねに考え行動することが大事です。運転士がなすべきことは、信号に従い速度規制を守り列車を正確に運転することです。車掌がドアの開閉をするときは、ホームの方向と列車の状態とお客さまの安全を確認して正確に操作することがなすべきことです。保線の社員が線路巡視するときは、事故を未然に防ぐために危険箇所を的確に発見し必要な処置をとることがなすべきことです。

一つの職務には、多くの仕事が含まれています。その中に、その職務が絶対に怠ってはいけないことがあります。

その数は、せいぜい三つか四つでしょう。その三つか四つのことを間違いなく実行しなければいけません。それが、なすべきことをなす、です。

第57講　曲水の宴

「風さそふ 花よりもなほ 我はまた 春の名残を いかにとやせん」

江戸城松之廊下で吉良上野介《こうずけのすけ》に切りかかった刃傷事件の責任を問われ、播州赤穂藩主・浅野内《たく》匠頭《みのかみ》が切腹となるわけですが、内匠頭が切腹に臨み詠んだ辞世の句です。

言葉のままに解釈すれば、風に吹かれて散っていく花よりもさらに急いで、散っていこう（生涯を終えよう）としている私は、この心残りを、どうしたらいいのでしょうか、といった意味だと思います。

赤穂浪士の討ち入りの動機やいきさつについては諸説ありますが、この内匠頭の辞世の歌が大石内蔵助《くらのすけ》を討ち入りという究極の行動に駆り立てたという説があります。そのように見ると、辞世の歌そのものが強力なコミュニケーションツールとなったわけです。

平安時代の貴族の間では、**和歌が大事なコミュニケーションツール**でした。

それは、歌会といった場でなくとも、日常的な意思の疎通を図る場合にも活用されていました。特に、ここぞというときに気の利いた和歌が出てこない人は、教養がないと思われてしまう恐れがありました。いわば、リーダーのたしなみとなっていました。

武家が実権を握った鎌倉時代以降も、その伝統が受け継がれました。武士の中でもリーダーになるような人物は、和歌を詠むようになりました。葉室麟さんの時代小説の中にも、武士のたしなみとして和歌を詠む世界観が描かれています。

時代が令和へと移っていく中で、私もひょんなことから和歌を詠むことになりました。

新元号令和の発表は、西暦2019年の4月1日に行われました。同じ日に、令和ゆかりの太宰府にある太宰府天満宮の第40代宮司に西高辻信宏氏が新しく就任されました。新元号と新宮司を寿《ことほ》ぐように太宰府天満宮への参拝客が激増しました。そして5月1日、元号が令和とあらため られ、令和元年がスタートしました。

元号の出典が『万葉集』ということから、『万葉集』関連の書物も飛ぶように売れました。当然、ミーハーおじさんの私も世間の流れに抗しがたく数冊購入してしまいました。案の定、それらの本は家の〝積読《つんどく》〟専用棚に鎮座したままとなりました。

翌令和2年の春に、新しい宮司様から天満宮の曲水の宴に諸官の一人として招かれたのです。諸官は、宴にて和歌を一首詠むしきたりになっているそうです。歌の素養など皆目ありませんでしたが、招待を受けた以上、和歌は詠めないとは言えません。

諸官を依頼された翌日から猛勉強が始まりました。といいましても一夜漬けとあまり変わりません。和歌の教材をどうしようかと考えていたところ、1年前に買ったままで〝積読〟状態になっていたものを思い出し、急遽立派な実用の教材とすることに。〝積読〟が晴れて日の目を見ることとなりました。

曲水の宴は、庭園の曲水に沿って座った参宴者が、上流から流れてくる酒盃が自分の前を通り過ぎる前にお題にちなんだ詩歌を詠むというものです。もともとは宮廷行事でした。天満宮では平安時代に始まったといいます。

和歌は、当日の即興ではなく、前もってつくっておいてもいいということでしたから、私も必死で和歌づくりに励みました。

令和ゆかりの地での宴だから、歌にも令和の思いを表現しようと考えました。令和という元号の考案者といわれる中西進先生は、令和の意味を「うるわしき和の精神」と説かれています。その「令《うるわ》しき」と「和」を歌の中にそっと織り込みたいと企みました。

宴が始まりました。庭には、紅白の梅花が春風にそよぎ舞うように咲き誇っています。儀式は、あでやかな装束をまとった巫女たちの神楽舞に始まり、諸官が酒盃の流れに合わせて歌をしたためる盃《さかずき》の儀へと進みます。私は準備しておいた歌を詠み、日常とはまたひと味違う盃を口に運びました。

では恥ずかしながら。

令《うるわ》しき　乙女らつつむ　梅が香や　水辺に和《なご》む　紅白の舞

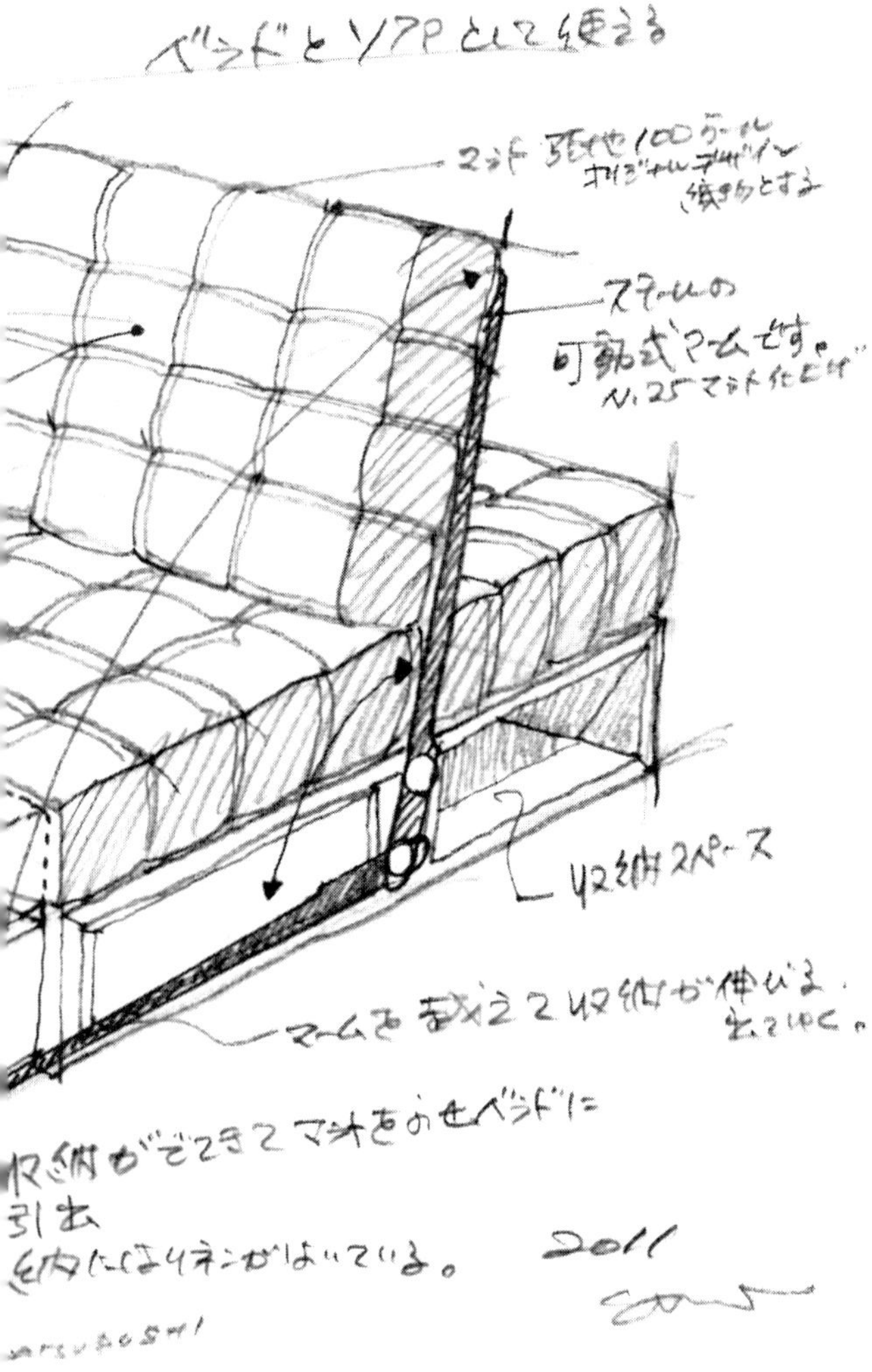
ベッドとソファとして使える
マット 張地100ウール
オリジナルデザイン
織物とする
スチールの
可動式アームです。
No.25マット仕上げ
収納スペース
アームを越えて収納が伸びる
出ていく。
収納ができて マットをのせベッドに
引出
納にはリネンがはいっている。
2011

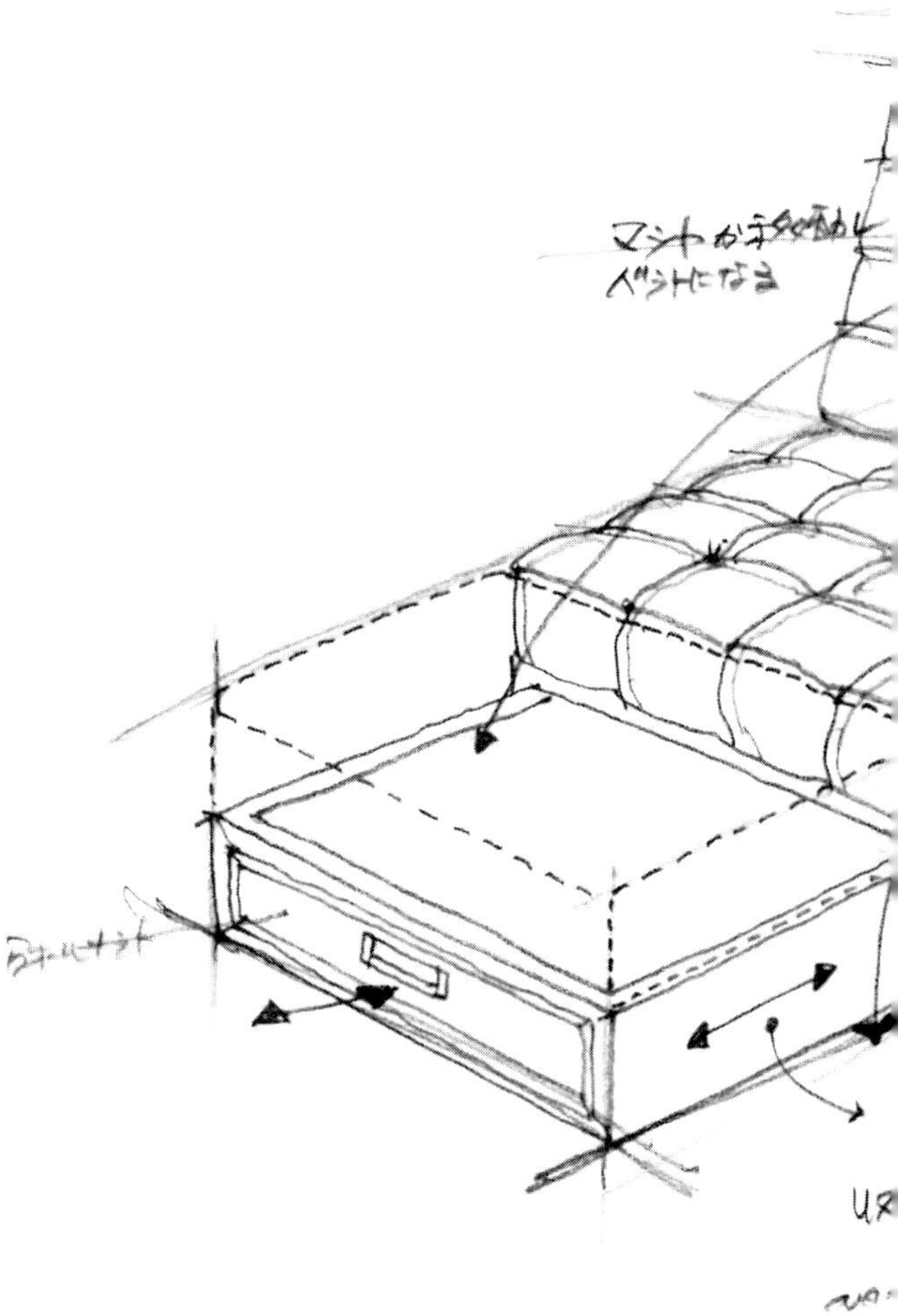

見た瞬間、水戸岡さんはダヴィンチやなぁ、と
思わず唸った。こういった仕掛けまで考案できる才能に
当社はどれほど助けられてきたことか。

第58講
社長メッセージ第1号

２００９年６月23日、私はＪＲ九州の社長に就任しました。

就任当日、記者会見で所信表明をしました。メディアに対して行ったものですが、同時に、全社員に対しても「社長メッセージ」として同じ内容を社内に発信しました。

この中で、当時進めていた中期経営計画に言及しながら、社長としての私なりの「会社のあるべき姿」を、**「誠実」「成長と進化」「地域を元気に」**と三つにまとめてみんなに訴えました。

あらためて読むと稚拙で長ったらしい文章で恐縮ですが、未だ不動の哲学がここにありますので、全文を紹介します。


６月23日の取締役会におきまして、会長に就任されました石原社長の後任として社長の大役を仰せつかりました唐池でございます。責任の重大さを痛感し、身の引き締まる思いがいたします。

前々任の社長の田中相談役、石原前社長の的確な経営判断と強力なリーダーシップにより、ＪＲ九州グループは大きな成長を果たすことができました。

「安全」と「サービス」がグループの風土にまで定着し始め、安全に対する社員の意識が高まり、すべての職場でお客さまの満足を追求するようになりました。結果、運転事故やミスが大幅に減少し、サービスレベルが格段に向上しました。売上高が連結で3000億円を、経常利益が100億円をゆうに超えるなど、グループの収益についても飛躍的に拡大しました。

2011年春をめざした九州新幹線全線開業と新博多駅ビル開業という二つの大きなプロジェクトについても、順調に力強く進捗いたしております。地域の活性化のためのさまざまな活動についても、積極的に展開して参りました。

現在、「上場に向けた経営基盤の確立」を目指した中期経営計画「DASH2011(ダッシュイレブン)」の目標達成に向けて全社を挙げてまい進しています。石原前社長の路線を踏襲していく、このことを基本にして、DASH2011の目標達成に全力を傾注するとともに、JR九州グループのさらなる発展を成し遂げることが私に課せられた使命と考えております。

それでは、JR九州グループが今後何をめざしていくべきか、グループのあるべき姿について、私の思いを三つ申し上げたいと思います。

一つめは**「誠実」**です。

企業活動において、嘘や偽りやごまかしがなく、お客さま、地域のみなさま、お取引先そして社員のみなさん、これらＪＲ九州グループに関わるすべての人たちのことを思いやり、正義と良心に従って行動することです。

安全の確保に対しても、真摯にそして誠実に取り組みます。お客さまの視点に立って誠実に考え誠実に行動します。地域のみなさまにとって安心で快適で便利な事案を誠実に展開します。社員のみなさんが安心して働ける職場づくりに努めていきます。

「誠実」には、もう一つ、手間を惜しまないという意味もあります。手間をかけた仕事は、お客さまから評価され、支持されます。仕事に手抜きをしたり、楽をして稼ごうとしたりせずに、精一杯知恵を振り絞り、ひたすら汗を流すこと、結果として適正な利潤が得られるよう努めてまいります。

二つめは**「成長と進化」**です。

企業は、つねに成長を続け進化を遂げていかなければなりません。既存事業を磨き上げ、その進展を図ります。周辺の事業領域への拡大についても積極的に進めていきます。ＪＲ九州グループの強みが発揮できる新規事業への参入にも力を入れていきます。

そうした、既存の企業体質を維持したまま徐々に業容を拡大していく、いわゆる「成長」に加えて、組織や事業を変革することにより企業を発展させる「進化」についても果敢に挑戦していく必要があります。社会の変化に合わせて事業構造も変革させていかなければなりません。技術革新や業務改革を進め各事業の抜本的な刷新に取り組まなければなりません。大切なことは、その成長と進化に対して私たちが情熱と勇気をもって臨むことです。成長と進化は、企業に限るものではありません。私たち一人ひとりもそれぞれ自分の成長と進化をめざし、つねに学ぶ習慣を身につけていきたいと思います。

三つめは**「地域を元気に」**です。

地域を元気にし、地域とともに発展することにこそＪＲ九州グループの存在意義があります。

従来取り組んでおります、九州の観光の浮揚を図る活動を今後さらに強く推進していきます。鉄道、バス、船などのＪＲ九州グループが持っている交通ネットワークを充実させ、人の交流をよりいっそう活発にしていきます。駅を中心としたまちづくり活動に積極的に参画します。住宅、店舗、あるいはホテルといった開発を進め、便利で快適な生活空間を提供していきます。そのほか地域を元気にするためにさまざまな活動に積極的に取り組んでいきます。

「誠実」「成長と進化」「地域を元気に」、この三つがＪＲ九州グループのこれからの「生きざま」と申しましょうか、「あるべき姿」と位置づけます。もちろん、この三つは私だけの思いではなく、田中相談役、あるいは石原前社長が常日ごろおっしゃっていることであり、信条でもあり、社員のみなさんにも必ずや共感していただけるものと確信いたしております。

当社をとりまく経営環境は大変厳しいものがあります。内外の情勢が混沌とし、少子高齢化が加速し経済構造が大きく変革する時代です。特に、昨年来の未曽有の経済危機が世界中を襲っているこの時期には、ともすれば個人も企業も萎縮してしまいがちです。

しかし、それではいけません。未来へとつながっていきません。このような時こそ、私たちは前向きに明るく元気よく、仕事に取り組むことが必要です。

私は「気」という言葉をよく使います。「気」を信じています。「気」は、元気、気迫、気力、気合などの「気」です。

「気」とは宇宙に存在するエネルギーの大きな要素であります。万物の根源であります。宇宙の隅々にあります。森にも山にも、そして動物や植物にも、建物や小石、この机にも、もちろん私たち人間にも「気」があります。広い宇宙のあちこちにある「気」を集めて「気」を充満させたものが運を呼び込みます。

私たち一人ひとりに、私たちのそれぞれの職場に、そして私たちの会社に「気」をみなぎらせて仕事に取り組みましょう。そうすれば勝利を勝ち取ることができ、仕事も成功を収め、業績も向上します。

私も、自ら「気」を充満させ社員のみなさんと力を合わせてＪＲ九州グループがよりいっそう発展するよう全力を尽くす所存です。みなさんのご支援をよろしくお願いします。

とまあ、こんなことを社長就任日に話しました。

またこれを機に、毎月発行の社内誌『ＪＲ九州だより』の巻頭ページに「社長メッセージ」を掲載することにしました。

これも社長の大事な仕事だ、「伝える」ことのほんの一部だと自分に言いきかせ、下手な文章を書き続けました。

その成果といってはなんですが、拙著の中には、その当時の「社長メッセージ」を基礎としてしたためたものが数々あります。

tea time

第59講 呼子のイカ

では4回めのティータイムといたします。

もともと食べるのが好きだったこと。7年間も外食事業の経営者だったこと。この二つの理由から、「食」については一家言ございます。

そんな私から、ごく真面目にイカの話をさせていただきます。


このところ、イカの不漁がよく話題になります。イカの不漁といっても、別にイカが体育館の横でぷかぷか煙草を吹かすわけではなく、通りすがりの学生をカツアゲするわけではありません。それは、「不漁」ではなく「不良」です。

イカは、サンマと並んで養殖化が進んでいません。だから、天然ものが獲れなくなるとたちまち食生活に響きます。ということで、流通しているイカ、つまり食卓に上るイカは、まず天然ものといっていいでしょう。

イカの養殖は難しいのです。水温に敏感で、エサの好き嫌いも激しいからともいわれています。

また、一つの水槽に入れておくと共食いしてしまうということもあるようです。びっくりするような理由として、イカは後ろ向きに高速で泳ぐため、頭部を水槽の壁面にぶつけて激突死するというのもあります。近代動物行動学の大家であるコンラッド・ローレンツ博士も「イカは人工飼育できない唯一の動物」と述べているほど、養殖にまったく適していません。

イカのもう一つ大きな特徴は、神経質でストレスに弱く水揚げしたあと、すぐに劣化することです。生きたまま輸送するとほとんどが途中で死んでしまうほど「足がはやい」のです。だから、産地で食べる生イカが断然おいしいわけです。

佐賀県の呼子は、玄界灘に面した漁港のまちです。イカの活け造りが有名で、中でも岸壁横に停泊している船そのものをレストランにしている「萬坊」というお店がおすすめです。

先日、おじさん仲間を引き連れて、その「萬坊」で会食しました。活け造りに舌鼓を打ちながら、「イカは足がはやいんだよ」と私が蘊蓄《うんちく》を披露したところ、仲間の一人が「イカには足が10本もあるからねえ」と、ジョークでもなんでもなく即答してきました。

私の仲間も、呼子のイカと同じく愛すべき〝天然〟でした。

第八条

思いやる

第60講
思いやる

リーダーに必要な資質の一つに、「部下への思いやりの気持ち」があります。

第3講などで触れている『孫子』には、リーダーの備えるべき五つの資質が挙げられています。

「将とは、智、信、仁、勇、厳なり」

将は、リーダーのことです。

「智」は、情報と知識をもとに物事の本質を見抜き、先を見通す力のことです。

「信」は、部下から信頼されることです。

「仁」は、部下への愛情や思いやりを持つことです。

「勇」は、勇敢な行動ができて、決断力があることです。

「厳」は、メンバーを統率するための厳しさです。

ここでお話しする「思いやる」は、3番目の「仁」のことです。

私が『孫子』にいたく興味をそそられたのは、リーダーの条件として、「信」が2番目、「仁」が3番目と、それぞれ「勇」や「厳」より優先順位が高いことです。

リーダーといいますと、戦場で自ら馬に乗り、「俺に続け」と言わんばかりに敵陣に向かって真っ先に勇ましく突進していく姿を、人は思い浮かべます。これが「勇」ですね。一方、組織には厳格な規律で臨み、激しい叱咤激励で部下を鼓舞していく姿も一般的には理想的なリーダーだとされます。これが「厳」ですよね。

『孫子』はその**「勇」や「厳」よりも「智」「信」「仁」を重要視**しています。ここのところが、『孫子』の偉大さだと思います。『孫子』の洞察力の深さを感じます。

この本では「智」を三つに分類し、事例を交えて話してきました。三つとは第三条「夢をみる」、第四条「本質に気づく」、第六条「勉強する」です。

ちなみに「信」についてはあえて触れません。「信」は、リーダーが備えるべき他の資質を備え、リーダーとしての実績を積み重ねていけばおのずと身につくものと、私は考えるからです。

「仁」について述べましょう。

「仁」とは、部下を思いやる気持ちです。

「思いやる」とは、どういうことでしょう。

まず、部下を、自分と同じ、一人の、社会に生きる、生身の、人間と思わなければいけません。部下には、当然、それまでの人生があり、これからの人生もあります。自分の生活があり、自分の家族がいます。自分の友人もいます。社会の中のさまざまなしがらみの中で生きています。リーダーになると、社会の中で生きているのは、自分一人だけと錯覚して、部下の存在は、自分に従属するもので、組織はリーダーの命令一つで動くものと思ってしまうことがあります。大きな間違いです。部下も、リーダーと同じく生身の人間で、みんな人間としての尊厳を持っています。

「思いやる」とは、その誰もが持っている人間の尊厳を認め、尊重することから始まります。

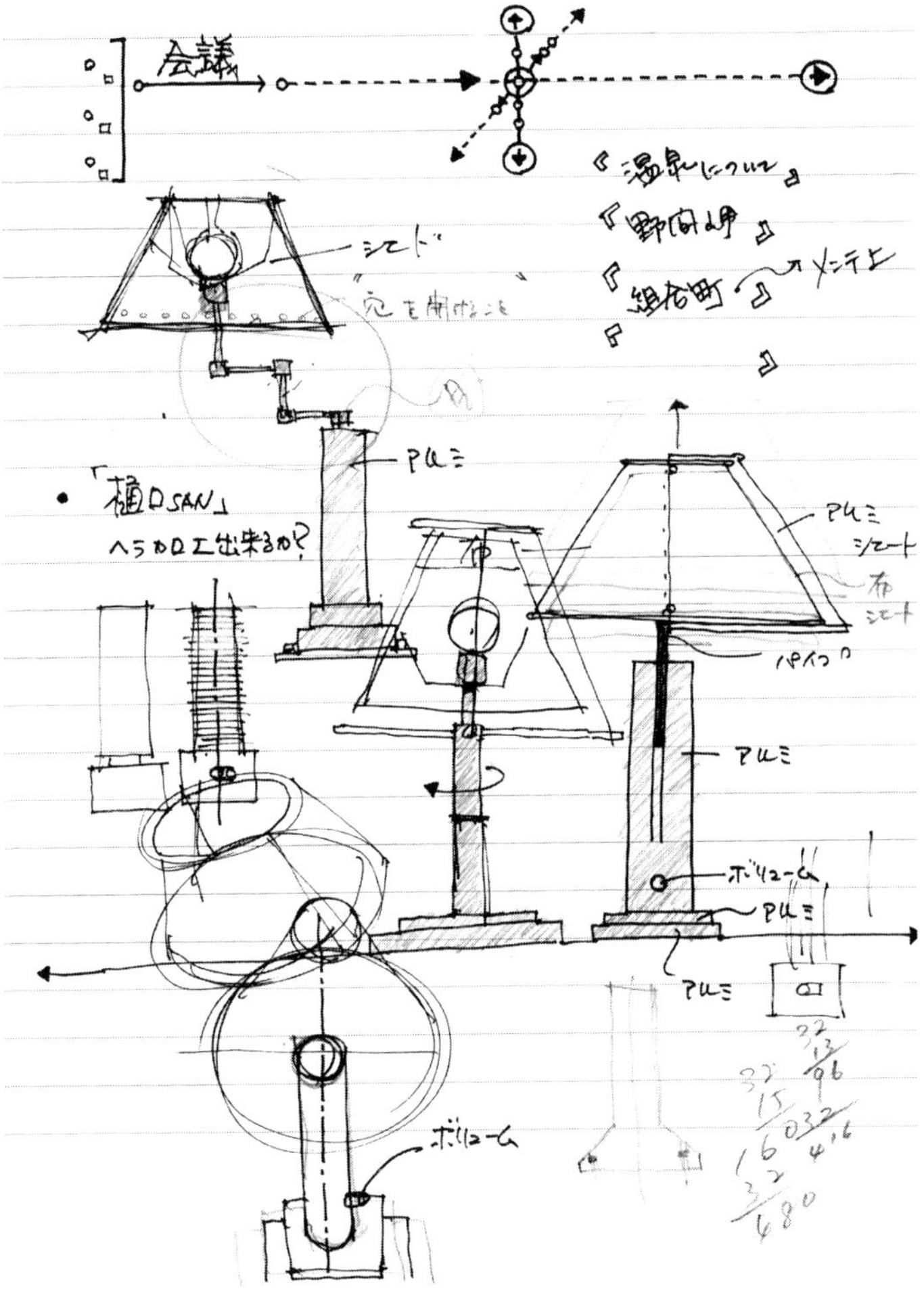

ラウンジ車両のテーブル上の照明を描いたもの。
水戸岡さんは基本的にオリジナル、オンリーワンでないと
気が済まない。ななつ星は特にすごかった。

第61講　**叱ると怒る**

『孫子』のいう、リーダーが備えるべき重要な資質の一つに、「仁」というものがあります。「仁」とは、部下に対する思いやりのことです。部下と同じ気持ちになって考えてやり、同情を寄せることをいいます。

ここで勘違いをしてはいけません。リーダーにとって「仁」は重要な資質だからといって、部下に対して表面的に優しく振る舞ったり、適当に心にもないおべっかを使ったり、部下が過ちを犯しても見過ごしたり、といったことをしてはいけません。

部下が困っているとき、親身になって行動する。部下の仕事に対して、結果はどうあれ、まずねぎらいの言葉をかける。部下のミスをやたらあげつらわない。部下の評価が上がるように仕事の仕方を指示する。部下の体調や家族のことまで考えて休暇の指示をする。自分とは違う部下の意見にも耳を貸す。おごった態度を取らず部下と苦楽をともにする。

昔日の修身の教科書に出てきそうなことを並べましたが、一言でいいますと「部下をわが子と同じように思いやること」です。

わが子に対しては、表面的な優しさは要りません。おべっかも使いません。しかし、過ちを犯したときは、厳しく叱ります。

この**「叱る」が「仁」の中で一番大事**なことです。

「叱る」と「怒る」は、似ていますが、まったく異なるものです。

「叱る」とは、相手の動作や言葉の間違い、過ちなどをとらえて、強い調子で注意したり咎めたりすることです。上に立つ人が下の者の悪い点を直させる目的で厳しく言う場合に使います。優しく叱ったり、冷静になって叱ったりすることもあります。

「怒る」は、相手に怒りの感情をそのまま、ときにはより激しくぶつけることをいいます。不快な気持ちを抑え切らず、人を激しくののしる行動をとります。多くの場合、人の存在そのものまで否定することがあります。

「こんな間違いは、こうこうこういう理由でよくない。二度としてはいけない」

これは、叱っている言葉です。「過ち」そのものに対して注意をしています。

「こんな間違いをするなんて、お前は何度注意したらわかるのだ。そもそも親はどういう育て方をしているのだ。お前なんかくずだ！」

これはいけません。これが怒ったときに出る言葉です。「過ち」よりも「過ち」を犯した人の存在そのものを否定しています。「親」とか「くず」とかが出てきたら、以後部下はまともに仕事をしなくなります。そして、上司あるいはリーダーへの恨みしか残りません。

もう一つ、「叱り方」について、私が心がけてきたことがあります。

それは、**電話では叱らない**ということです。

電話で部下を叱ってはいけません。電話だと、相手の顔が見えないので、叱っている相手が人であることを忘れます。

前に、部下を、「自分と同じ、一人の、社会に生きる、生身の、人間」と思わなければいけないと述べました。部下には、これまでの人生があり、これからの人生もある。そして、自分の生活があり、自分の家族もいる。そういうことを忘れてはいけません。

電話だと、それを忘れてしまうのです。相手が見えませんから、この男は自分の部下で、自分に従属している、単なる組織の構成員にすぎないと思ってしまいます。一人の人間として見なくなります。

さらに悪いことに、電話で話すと、自分の怒鳴り声が自分の耳に反響して、勝手に興奮が高まり、抑制が利かなくなってしまいます。そうなると、ますます、過激な言葉で相手をののしることになります。口にしてはいけない言葉もついつい出てしまうのです。

部下を叱るときは、必ず対面し相手の目を見て叱らなければいけない、このことを私は心に決めているのです。そうしますと、目の前の部下が、「自分と同じ、一人の、社会に生きる、生身の、人間」に見えてきます。一人の人間として見ると、感情のままに怒鳴り散らし、相手の尊厳までも傷つけるような叱り方にはなりません。

部下をわが子と同じように思いやる気持ちは、対面することで強くなっていきます。話は脱線しますが、おっといけません、当社は鉄道会社ですから、「脱線」という言葉はタブーでした。話が横道にそれますが、この人と対面してコミュニケーションを図るという原則は、お客さまのご意見対応のときにもあてはまります。

外食事業の経営に当たっていたころ、よく夕方になるとお客さまから電話がかかり、受話器を取ると、いきなり大声で怒鳴られることがありました。店員の言葉づかいがけしからんとか、料理の中にゴミが入っていたとか、店長の態度が傲慢だとか、さまざまな理由でお怒りになる。せいぜい5分か10分くらいだったでしょう。お客さまのほうは、自分の怒鳴り声を自分で聞いて、ますます興奮していき、ますます言葉が過激になっていきます。私のほうは、電話のこちらでひたすら平身低頭し、激怒が通り過ぎるのを待っているわけです。最後は、お客さまのほうが受話器をガチャッと叩きつけて切るというのがパターンです。ここからが、私の本領の発揮どころ。電話が切れるや否や立ち上がり、まわりの人間、みんな部下たちですが、その部下たちに決意表明をします。

「今からすぐに、電話のお客さまのところに行くぞ」

お客さまは、たいてい会社からそう遠くないところにお住まいかお勤めです。すぐにお客さまの住所を調べ、お客さまのところに私自身が飛んでいきます。身の安全のため、誰か一人課長クラスを連れていきます。そうですね、だいたい30分以内でお客さまのところに到着したと思います。で、玄関で身分を明かして、お客さまと対面します。電話では怒鳴り散らしていたお客さまも、面と向かうと怒りが、いきなりゼロにはなりませんが、すぐにいくらか収まっていきます。

それでも、初めは、電話と同じように声を荒立てることもありますが、話し込んでいくうちに徐々に静かな語り口になります。これが、対面の力というものでしょうか。目の前の、攻撃してくる相手を見ると、自分と同じ人間だということに気づきます。電話では怒りのはけ口の対象物としか思っていなかった私を、人間として認めていくわけです。10分くらい経ちますと、穏やかな話しぶりに変わっていくのがわかります。20分後にはお客さまと私はまるで旧知の友のように仲よくなります。

嘘でも誇張でもありません。こういう経験を何度もしました。直接対面してお客さまとの関係が悪化したことは一度もありません。怒っている人には、直接対面すること、それも**2メートル以内の距離で話し合う**こと、これが一番の解決法です。

これは「ニューノーマル」が唱えられるこれからの社会においても不変のことと、私は考えています。

第62講
期待値を上げる

ずっと泥棒人生を送ってきた男がとうとう捕まって刑務所に入りました。看守がその泥棒に「おまえは、なぜ盗みの世界に入るようになったのか」と尋ねました。

老いた泥棒は、こう答えました。

「まだ小さな子供のころ、母親に連れられて市場に行ったのさ。たまたま果物屋の前を通りがかったとき、店の前の棚に積まれているリンゴを何の気はなしにポケットにねじ込んでしまったんだ。店のおやじには気づかれなかったが、母親は小さな息子の非行をしっかり見ていた。俺はてっきり母親からこっぴどく叱られるものと覚悟したが、そうじゃなかった。母親は俺をしばらく見つめ、何事もなかったように俺の手を引いて市場を立ち去った。家に帰った後も母親は俺を一切叱らなかった。そんな小さな事件から俺は悟った。盗んでも親は叱らない。親は黙認してくれた。盗みは悪いことではないのだ。盗みぐらいたいしたことではない。それから俺の泥棒人生が始まったのさ」

このときの母親には、リンゴ一個盗んだ程度ならたいしたことがない、これくらいのことは子供だから大目に見よう、といった甘さがあります。この甘さは、子供に対する期待値の低さでもあります。子供にすれば、どの範囲までの不正行為が許されるのか、絶えず親の反応を探りながら行動している。親が自分に対してどれくらいのレベルまで期待しているのか見定めようとしているのです。

ある人に対してまわりの人がその人の能力や仕事の成果を期待すると、その人はその能力や成績が上がっていくといいます。これを「ピグマリオン効果」といいます。逆に、まわりから期待されていないと、成績が下がったり、極端なことを言えば、前の泥棒のように間違った人生を歩んだりします。

同じ意味のことを、「ローゼンタール効果」ともいいます。米国の心理学者ローゼンタールは、学校のクラスでわざと偽りの知能テストを行ったあと、無作為に選んだ生徒のリストをつくり、「これらの選んだ生徒は、数カ月のうちに成績が向上する可能性が高い」と教師に報告しました。その結果、リストに記載された生徒たちが実際に他の生徒よりも明らかに成績が上がりました。これは、教師がリストの生徒たちの期待値を上げて指導するようになったことと、その生徒たち自身も教師から期待されていることを感じ、その期待に応えようと思ったことによるものです。

「ピグマリオン効果」は、教師と生徒の関係だけでなく、リーダーと部下の関係にもあてはまります。

人は、期待されて成長するものです。リーダーが部下を育てようと思えば、まず部下に期待することから始めましょう。

次に、期待するレベル、つまり期待値を明確にすることです。そして、その期待値を思いやりの気持ちを込めて部下に伝えるのです。最後の「思いやりの気持ちを込めて」がなかなか難しいのですが、これが最も大切なことです。

第63講
糸井重里さんのリーダー論

天才コピーライターで今は上場企業「ほぼ日」の社長でもある糸井重里さん。

糸井さんといっしょにいますと、常に世の中のあらゆることに興味を持っている、好奇心の塊であることを何度も感じさせられます。そして、一つの物事も多角的な視点で捉えることができる方でもあります。

そんな糸井さんが、先日、日本経済新聞（2020年7月9日、16日夕刊）のインタビューに答えて、「糸井流リーダー論」を語っていました。

まず、経営者となったときの思いを述べています。

「リーダーにはなりたくないと生きてきたつもりでしたが、『今からリーダーなんだな』って気づいた瞬間があるんです。初めて人間ドックで健康診断を受けたときのことで、『一人で生きているわけじゃないんだ。責任があるんだ』と思ったんですね。（中略）社長をやるということはそういうことだとやっと気づいた」

糸井さんは、リーダーは一人だけで生きていくものではないといいます。まわりの人の人生にも責任を持つ、それがリーダーの務めだというのでしょう。

続いて、社長になって意識の変化があったことを告白します。

「最初は付け焼き刃だった社長の役割が、身についていかざるを得なかった。社長はサル山でいえばボス猿。群れを守ることを無意識で考えるようになったんでしょう」

リーダーには、群れを守る使命があるということでしょう。

次に、リーダーの在り方を考えるようになったきっかけについてこのような思いを語ります。

「学生時代の学生運動でしょうね。リーダーって嫌だなと思ったんです。党派的な都合や知識で、人に『やつは敵だ、敵を殴ってこい』と言うような役割だと感じてしまいました」

この辺が天才的ですね。人を引き込むこの話の意外性と具体性は、多くのリーダーが学ぶべきところかと。

さらに、リーダーの覚悟について言及するとき、『歎異抄』を引用します。

「歎異抄に『さるべき業縁《ごうえん》の催せば、いかなる振る舞いもすべし』という親鸞の言葉があります。『縁さえあれば、どんな恐ろしいことでも、自分もやるだろう』という意味だといいます。そういう客観的な視点が必要なのです」

読む人はいよいよ、糸井さんの世界に引きずり込まれていきます。

「自分が社長になって、よその社長に会ってみると、いい人が多いんですよ。やっぱり相当苦労していますよね。責任を持ってトップをやっている人は、癖はあっても、この人が我慢してやってくれているおかげで、会社が回っているのだろうと思うことが多々あります。僕の目指すリーダー像は年相応の、穏やかでいい加減なものかもしれない。『糸井さんがもっといい加減にした方が会社が回るよ』と社員から言われるようになりたいですね」

「よその社長に会ってみると、いい人が多い」と述べています。このよその社長って、おそらく私のことです。いや、そうじゃないかもしれません。

組織にとって望ましいリーダー像とは、と聞かれてこう答えています。

「会社って創業者の影響をものすごく受けますよね。だから一番大事なのは、創業社長が汚いことをしないこと。それから、創業社長は『もうやりたくない』ってなったら辞めること。やる気がないトップの下には、社員は絶対いたくない。僕の場合、一日中寝ているようでも『あの人は寝ていても次の何かをやる』と信じてもらえるだけのことをやらないと、社員に認めてもらえませんから必死に働いています」

「もう一つは悪いことをしないことです。やる気を見せるのと、悪いことをしないこと。この2つはかなり難しそうで簡単なことだし、簡単そうで難しいことですね」

リーダーの条件が二つ挙げられました。**「やる気」**と**「悪いことをしない」**です。

最後に、尊敬するリーダーについて語っています。

「あえて1人挙げるとしたら、プロ野球巨人の監督だった故藤田元司さんかな。(中略)思いやりがあって、クールに勝つためのことができて、なおかつ勝ち負け以上に大事なことが野球にはあるんだよ、っていう人です」「藤田監督は選手や球団職員といっしょにご飯を食べたりして、全く平らなんです。給料や活躍の多寡、あるいは年次で偉い偉くないがあるんじゃない。皆がお互いに尊敬できるところを分かっている。そういうチームに僕には見えたんです。僕らの仕事でも、他人のいいプレーにすかさず拍手を送るような、そういう健康な会社にしたいですね」

わかりましたか。私はわかりません。この辺は、私もさらにまた勉強が必要なところかもしれません。

でも、なんとなく〝糸井流リーダー論〟の核心に触れることができたような、そんなよい記事でした。

第64講
愛嬌と強運

40年前といえば、私はまだ初々しい20代半ばです。未来にはおそらく無限の可能性が広がっているはずだと信じていたころです。まあ、今もそう思っていますが。

２０２０年4月、松下電器（現パナソニック）創業者の松下幸之助氏が私財を投じて設立し自ら塾長となった松下政経塾が開塾40周年を迎えました。開塾以来少数精鋭を旨とし、卒塾生は２０２０年８月までに２８６人と多くありませんが、政界、経済界など各方面で活躍しています。

設立前年１９７８年、幸之助氏が塾の構想をぶち上げると、予想をはるかに超える反響がありました。一期生の20人ほどの募集枠に対し９００人を超える応募者が殺到しました。応募者の中身を見ると、若手エリートたちが大半を占めていたそうです。当時入塾適齢期だった私は、諸般の事情により入塾を志願しませんでした。事情の最たるものは、競争倍率からして私などは合格するわけがないという思いです。

30年後、運よくJR九州の社長になりました。そのとき、親しい知人のひとりが「あなたは愛嬌があって強運の持ち主だから社長になれたのだ」と言いました。当時は、何を無邪気に勝手なことを、と思っていたものです。

数年前、あるビジネス誌に政経塾一期生の選考にあたったという方のおもしろいエピソードが載っていました。政経塾にとって初の塾生の選考ですから、相当気合が入っていたそうです。

しかし、応募者の略歴や受験理由を読んでいくうちに、頭を抱えてしまいます。応募者はみな俊英ぞろいで、筆記試験ではほとんど差がつきません。こうなると、面接で振り分けるしかないという結論に達しましたが、はたしてどんな基準で選考したらいいものか考え込みました。その方は悩んだあげく、思い切って塾長の幸之助氏に相談に行き、

「一期生の塾生志願者はみな優秀で、面接で振り分けることになりますが、どんな基準で選考すればよろしいか」と尋ねました。

すぐに幸之助氏から答えが返ってきました。**「強運で愛嬌のある人を選びなさい」**

驚くほどにシンプルな基準です。

幸之助氏は、つねづね、リーダーの条件として「愛嬌」と「強運」の二つを持ち合わせた人間がリーダーになるのにふさわしい、と述べています。政経塾の選考でも、同じ考えを伝えたのです。この記事に触れたとき、幸之助氏の考えるリーダー像があらためてわかったような気がしました。

そんな選考基準だとしたら、40年前に志願しておけばこの私もひょっとしたら合格したかもしれません。いや、やっぱり志願しなくてよかったかもしれません。

（どっちや！）

第九条

決断する

第65講

決断は瞬発力

リーダーとして身につけるべき資質の一つに、決断力があります。

これまで、リーダーに必要な資質として（第二条以降で）①逆境力、②夢みる力、③本質に気づく力、④行動力、⑤知力、⑥伝える力、⑦思いやる力、と七つの力について述べてきました。いずれもリーダーにとって重要な資質で、リーダーはつねにこれらの力を持ち続け、さらにこれらの力を磨き、高めていくことが求められます。

これから説明する⑧決断力は、常時用いるものではありませんが「ここぞ」というときに限られた時間と条件の中で、最大限に発揮しなければいけないものです。瞬発力が必要です。ただし、戦争における前線の戦場では「ここぞ」というときがずっと続きますから、リーダーは絶えず厳しい決断を迫られます。

ここでは、戦場ではなく通常のビジネスの世界を念頭に置きます。ふつう、リーダーが決断しなければいけないときというのは、そうしょっちゅうやって来るわけではありません。四六時中、365日、いつも決断の場面に出くわすということはありません。

極端なことをいえば、リーダーは、ふだん「昼行灯《あんどん》」と軽んじられようと一向に構いません。「昼行燈」とは、昼間ともす行灯のように何の役にも立たないたとえとして使われ、ぼんやりとして役に立たない人のことを揶揄した言葉です。あの忠臣蔵の討ち入りのリーダー大石内蔵助も、討ち入りの少し前までは、まわりから「昼行灯」と呼ばれていました。しかし、討ち入りを果敢に決断したときは、さすがにみんな心服しました。リーダーとは、そういうものなのです。いったん有事となれば、「昼行灯」の決断力が俄然その存在感を増します。組織のみんながリーダーの決断力に大きな期待を寄せます。

有事とは、大きな危機に直面したときや、岐路において進むべき進路を決めなければいけないときです。

リーダーは、この有事のときこそ、それまで表に出さずじっと蓄えていた決断力を瞬発的に発揮しなければいけません。もっといえば、**リーダーはそうやって瞬時に決断することで人よりも高い給料をもらっている**のです。

リーダーの給料は、この決断に対しての報酬なのです。ふだん、たいした仕事はしていなくても、この大事なときの決断でリーダーはみんなから信頼されるようになります。

しかし、現実はそう簡単にはいきません。

いざ決断しなければいけない状況に立ったときにも、決断しない、あるいは決断できないリーダーが、実際には多くいます。

ついつい決断を先延ばししてしまう。決断すべき場所から逃げる。決断しようとしたときそれまで出なかった別の案がないか考えるふりをする。自分が決断するのが嫌だから部下やまわりの人に丸投げをする。決断のための判断材料の些細なことにとらわれて本質を見ようとしない。決断に時間がかかってタイミングを逸する。

みなさんのまわりにもこんなリーダーがいるでしょう。こんなリーダーは、リーダーではありません。リーダー失格です。こんな人に高い給料を払ってはいけません。もし戦争なら、こんなリーダーの下では戦えません。こんなリーダーの下では、必ず甚大な被害が出ます。

決断において大切なことは、正しい決断をすることよりもまず決断する、タイミングを逃さず決断することです。即断即決こそ決断の要諦です。

即断即決ができないリーダーの陥りやすい思考過程を見てみましょう。

まず、さまざまな検討材料を幅広く揃えます。次に、多くの選択肢を並べて比較します。そして、その中から絶対的な正解を見つけようとします。

これが間違いなのです。世の中に絶対的な正解というのは、そうそうありません。特に、ビジネスの世界や政治の世界では絶対的な正解はまずありません。優柔不断なリーダーは、存在しない正解を探そうとするのです。それは、決断したくないからです。

多くの選択肢には、それぞれ一長一短があります。決断するとき一番大事なことは、何のために決断するのか、何を優先しなければいけないか、ということです。最も上位にある目的や最優先すべきことに思いをいたせば、決断するのにそんなに時間はかかりません。決断するということは、優先順位の低いものを切り捨てることを決断することです。

松下幸之助氏は、著書『道をひらく』の中で決断について述べています。

「進むもよし、とどまるもよし。要はまず断を下すことである。みずから断を下すことである。それが最善の道であるかどうかは、神ならぬ身、はかり知れないものがあるにしても、断を下さないことが、自他共に好ましくないことだけは明らかである」

さらにこう述べています。

「六〇パーセントの見通しと確信ができたならば、その判断はおおむね妥当とみるべきであろう。そのあとは、勇気である。実行力である」

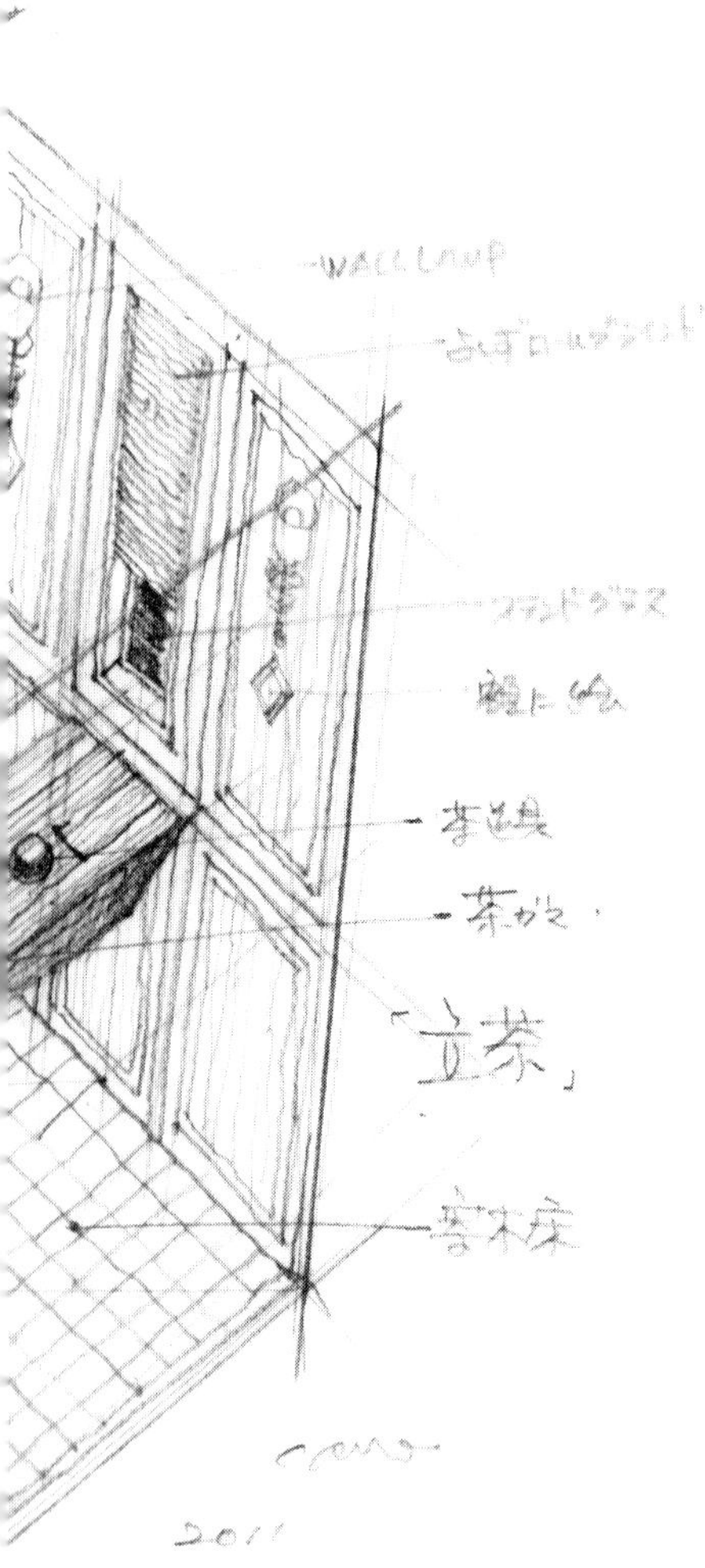

2号車ダイニングカーにはこんな茶室がある。
ななつ星が大事にしている「一期一会」。
この空間はまさにその象徴。

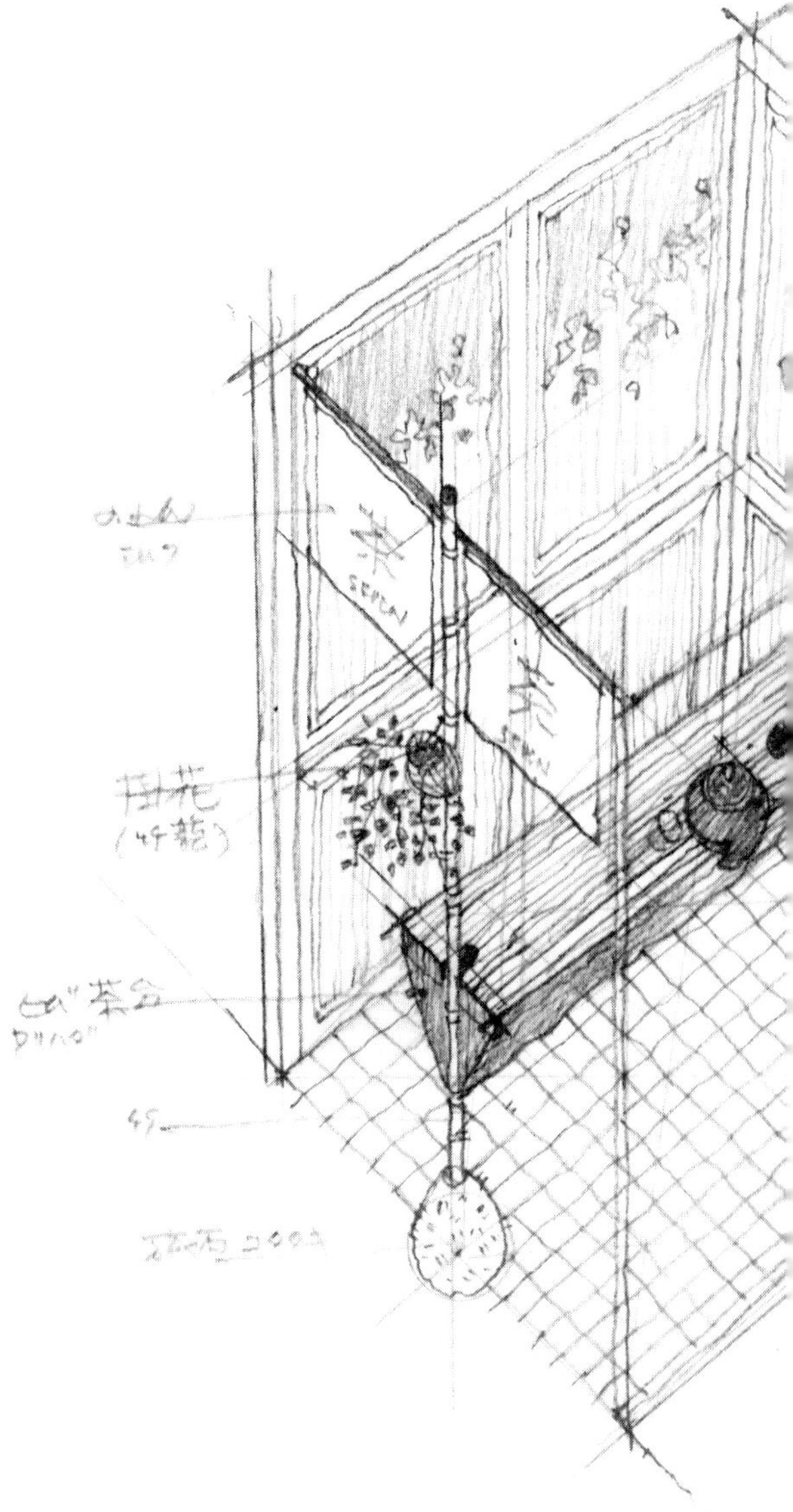
のれん
掛花
(竹籠)
ヒバ茶台
45

第66講 「悪かった」と決断

「結局は松下電器が悪かった。この一語に尽きます」

この言葉は、松下電器（現パナソニック）の創業者、松下幸之助氏が、あの有名な「熱海会談」の最後のほうで、全国の系列販売会社や代理店の社長約200人を前にして語ったものです。

戦後、高度成長を続けてきた日本経済が、半世紀前の東京オリンピックブームの余波で、深刻な停滞期を迎えました。景気が急速に後退していき、市況は悪化の一途をたどりました。松下電器も例外ではなく、戦後初めての減収減益となりました。系列の販売会社や代理店も次々に赤字経営に陥っていきました。それらの会社のうち多くのオーナーたちが松下電器に対して大きな不満を抱いていました。

1964年7月、この深刻な事態を打開するため、松下電器本社と全国の販売会社、代理店のオーナーとの懇談会を熱海で開催しました。世にいう「熱海会談」です。

冒頭に「みなさんの直面している真実を訴えてほしい」と会談を切り出した幸之助氏自身が出席者から集中砲火を浴びることになりました。あるオーナーが松下電器への不満を述べると、堰を切ったように厳しい意見が続出しました。販売会社のオーナーたちの間に松下電器の経営陣に対する不信感が渦巻いていたのです。

当初2日間の予定でしたが、松下電器に対する苦情が一向にやまず、議論は3日目に突入しました。

最終日、誰もが、この会談では結論が出ないだろうと感じていたとき、突然幸之助氏が立ち上がり、涙ながらに反省の弁を述べます。

このあとは、パナソニックの社史からそのまま引用します。

「突如、頭を下げ、話を始めた幸之助に驚き、騒然としていた会場はしんとなった。幸之助はもう誰が悪いと言い合っているときではないと思った。誰の言い分にもそれなりに理がありどこが悪いといっても始まらない。現状は分かった。この現状を突破するために、そしてお得意先のこれまでの信頼に応えるために、今は松下が頑張るときなのだ。葛藤は消え、一言ごとに、これまでのご愛顧に応えられていない現状への悔しさと、現状打破への決意をかみしめていた。思いは一筋の涙となり、非難で埋めつくされていた会場を団結に変えた」

そして、冒頭の「悪かった」という言葉につながります。

熱海会談の3週間後、幸之助氏は会長職でありながら、営業本部長代行として現場に復帰します。

その後「一地域一販売会社制」などを柱とする販売戦略の大改革を発表します。大改革だけに軋轢も数多くありましたが、幸之助氏は先頭に立って販売会社や代理店の理解を求めました。「この制度を軌道に乗せるためには、3年間はわが社の利益を犠牲にしてもよい」との決意で臨みました。

その後、松下電器は再び成長軌道に乗りさらに大きな躍進を続けていきました。大反省と大転換。

幸之助氏の決断力には、やはり「経営の神様」というべきものがあります。

第67講　カリスマの決断

現代のカリスマ経営者、日本電産の創業者である永守重信氏も、聞く人の心に刺さる言葉を連発します。部下たちもその言葉に刺激され奮い立ちますが、記者会見や決算説明会の場でも手ごわい記者やアナリストたちを圧倒することがしばしばあります。

「もう残尿感なし。絞り切った！」

２０１３年３月期の決算発表会での永守氏の言葉です。いささか品のない表現ですが、永守氏の断固とした決意と揺るぎない自信がよく出ています。

高収益企業として知られる日本電産ですが、そのときの決算では前期比80パーセント減という大幅な減益となりました。

日本電産の最大の柱である精密モーターを組み込むパソコンのハードディスク市場が大きく縮小したからです。それまで、精密モーター事業の売上はずっと右肩上がりで伸びてきて、精密モーター市場において日本電産が世界市場の約80パーセントのシェアを握っていました。前期、12年３月期決算を見ますと、精密モーター事業の売上は３３１４億円と、売上全体の49パーセントを占めています。それが、２０１３年３月期になると、３１９７億円と初めての減収となり、売上全体の45パーセントとシェアも落とします。

みなさんは、インターネットへの接続は、パソコンとスマホ、どちらが多いですか。スマホでしょう。インターネットの利用については、その主役の座がパソコンからスマホに移ったのが2012年の後半なのです。

スマホには、ハードディスクがありませんから、その影響がハードディスク用精密モーターのシェアナンバーワンの日本電産の業績に大きな影響を与えたのです。

永守氏は、その予兆を2012年の秋にはすでに察知し、すぐに経営改革に取り組まなければいけないと決意します。決断するとすぐに行動するのが永守氏の真骨頂です。

パソコン市場の急落で過剰になった精密モーターの生産設備を一挙に減損して資産を圧縮するとともに、資産効率や設備稼働率などを大きく改善しました。

永守氏が行ったのは、余分な脂肪を落とす体質改善だけではありません。同時に、会社全体の事業構造を抜本的に改革しようとする大胆な動きをしました。

それまでの精密モーター一本の事業構造からの脱皮をめざしたのです。

といいましても、精密モーター事業を縮小するわけではありません。日本電産の強みである精密モーターの王座の位置を維持しながらさらにそれを強化し、加えて「車載用モーター」「家電・商業・産業用モーター」「関連機器などその他製品」の三つの事業を育成・拡大し、四本柱の事業構造にしていこうというものです。

そして、〝永守流〟の尋常ならざる決断力といえるのはここからです。なんと、精密モーター以外の三つの事業を拡大するために、グローバルなM&A戦略を再構築していくのです。すなわち、三つの事業に強い海外企業をM&Aで日本電産グループに取り込んでいこうというわけです。こんな発想をする日本企業はそうありません。

先に述べた決算発表会での永守氏の自信に満ちた発言の裏側には、**大胆な決断と迅速な行動**があるのです。

結果を見てみましょう。先ほど述べた事業構造の改革に着手した5年後の2018年3月期の決算によると、売上全体が1兆4880億円と5年前の2倍強と大きく伸ばし、そのうち精密モーターの売上シェアが5年前の45パーセントから30パーセントと率では下がりましたが、売上高自体は1・5倍に増加しています。シェアを大きく伸ばしたのが、「家電・商業・産業用モーター」部門で5年前の35パーセントから55パーセントと飛躍的に伸ばしました。

これらの数字を見ても、永守氏の先見の明がわかります。

私も、ここまで永守氏のことについて語ってきましたので、もう残尿感はありません。

第68講

絶対にやらないという決断

九州新幹線は、１９７３年に整備計画が政府により決定されました。その後紆余曲折を経て、計画決定から38年後の２０１１年３月に待ちに待った全線開業となりました。そこに至るまでの経緯については、ここでは詳しく語りませんが、政界、自治体、経済界、住民のみなさんなど、地元九州を挙げての建設促進運動によるところが一番大きかったと思います。加えて、ＪＲ九州発足以来ずっと取り組んできた私の先輩である役員、社員らの奮闘も大きな力になったと思います。

２００９年６月、私はＪＲ九州の社長に就任しました。新幹線の全線開業まで残すところ２年足らずとなりました。そのころから、開業に向けての準備が本格化していきました。新幹線の運行そのものは、もちろん、ＪＲ九州が責任をもって行うわけですが、開業を記念したイベントや祝賀会といった関連行事は、沿線の各自治体や関係の団体が主体となって準備を進めていくことになっています。それらの準備が本格的に動きだしたのです。関連行事に対して、自治体などは開業までの２年間で相当な予算と人力とエネルギーを投入しました。それは、沿線の人たちにとって約40年間も待ち焦がれた大プロジェクトだったからです。

開業まであと2カ月。開業日が2011年3月12日と決まりました。新幹線の線路設備の工事も完了し、新製車両による試験運転が始まりました。イベントや祝賀会などの準備も仕上げの段階に入りました。JR九州においては、社を挙げて新幹線のプロモーションに最後の力を振り絞っているところです。

開業に合わせたテレビCMの制作もこの時期に行いました。

試験運転用の新幹線列車の外装をレインボーカラーに塗色し、それを鹿児島中央駅から博多駅まで走らせます。沿線の人たちに、あらかじめ運行時刻を知らせていて、沿線から走っている新幹線に向かって手を振ったりダンスをしたりして応援をしてください、と依頼しました。車両の中には、窓際に約20台のカメラを用意し、地上のいくつかのポイントにもカメラマンを配置し、空撮も含めて準備万端整えて、いよいよ鹿児島中央駅から新幹線が走りだしました。博多駅まで約250キロ、鹿児島中央駅を出たところから、線路の横手に大勢の人がずらっと並び、手を振ったり、自作の旗を掲げたり、並行する道の上を走ったり、万歳をしたりと、思い思いのかたちで、走る新幹線に向かって胸が詰まるほどの熱い応援をしてくれたのです。当初の見通しでは、1万人くらいの人が来てくれそうだと読んでいましたが、実際には2万人以上の人が沿線に集まってくれました。その光景を、車内に設置した20台のカメラで撮影していくわけですが、あまりの人の多さと喜びにあふれた応援ぶりにプロのカメラマンたちも撮影中感激で涙が止まりませんでした。カメラマンといっしょに乗り込んだJR九州の若手社員たちもみんな泣いていました。こんなにも九州新幹線を待ち望んでいてくれたのか。撮影に立ち会ったすべての人が感無量となりました。

撮影は、開業の3週間前、2月20日に行われ、それから急ピッチで映像の編集をしました。CMとして、まずは九州内でテレビ放映したのが3月9日からです。その感動と喜びにあふれたCMは、放映直後から大変な反響がありました。

3月11日、開業の前日になりました。私は、その日朝からずっと社長室に閉じこもっていました。翌日、開業の日に博多駅で朝6時から行われる新幹線の出発式を皮切りに、各地の新幹線開業祝賀会や関連イベントでスピーチをすることになっていて、そのスピーチの練習に打ち込んでいたのです。

スピーチの練習もかなり進んだころ、15時少し前、突然、列車の運行管理を統括している「指令室」から一報が入りました。

「社長、大変なことが起こりました。東北で大地震が発生したという情報が届きました」

あの、東日本大震災が、よりによって九州新幹線の全線開業日の前日に日本を襲ったのです。もうスピーチの練習なんかそっちのけです。すぐさま、部屋のテレビのスイッチを入れ、NHKの報道を食い入るように見つめました。15時ころでした。NHKのアナウンサーもかなり動転しているようです。

「先ほど東北に大地震が発生しました。現地の詳しい情報は、まだ入ってきませんが、相当な被害が出た模様です」。しばらくして、東北各地の実況画面が映し出されました。アナウンサーがまた叫びます。「各地で火災が発生した模様です」。15時半ごろでしたか、「気仙沼に10メートルほどの大津波が来ました」。15時55分ころ、ＮＨＫの画面に、宮城県の名取川河口から巨大な津波が陸地を襲っているシーンが映し出されました。アナウンサーも言葉が出ません。「うわあー」としか言えずにいます。

その津波は、走っている車ごと道路を呑み込み、田畑を呑み込み、民家を呑み込み、と、この世のものとは思えない状況が目の前に繰り広げられていました。

私は決断しました。これは、95年の阪神淡路大震災よりも大変な被害が出るに違いない。死者の数も膨大なものになる。そして、明日12日の新幹線の開業イベントはすべて中止しよう、と。

16時10分ころ、私は、本社の会議室に部長全員と主だった課長を集めて決意を述べました。

「東北で、巨大な地震が発生しました。直後に、各地で巨大な津波が襲っています。そこで、明日の新幹線の出発式をはじめすべての開業イベントは中止する」

有無を言わさず、言い切ることにしました。そのまま続けて指示を出します。

「たった今から、みんなで手分けして各自治体と関係の団体に『中止』の連絡をしてください」

ここで、当然のことながら何人かの部長たちから反発がありました。

「社長、中止はないですよ。みんな、JR九州だけでなく、九州の人たちも新幹線ができるのを40年近くも待ったのですよ。明日は、各地で盛大な祝賀会やイベントが予定されています。それらも2年前、3年前からずっと準備をしてきたじゃないですか。東北と九州では、1000キロも離れています。九州に影響がありません。規模は縮小しても、出発式や祝賀会だけはやりましょうよ」

彼らの言いたいことは痛いほど理解できましたが、私は断固として言いました。

「この大地震は、東北だけの災難ではない。日本全体を襲った〝国難〟だ。そんな状況で、いくら遠く離れているとはいえ、浮かれた気持ちで祝賀会なんかできない。いろいろ言うな。もう一度言う。明日のイベントはすべて中止だ」

指示を呑んだ部長たちは、手分けして自治体などに連絡をしました。自治体からも当然反対意見がありましたが全員で押し切りました。

会議で決意を表明した後、営業部長に、「あのCMはただちに中止してくれ」と指示をしました。あとで聞くと、すでにテレビ局のほうで震災直後からすべてのCMは放映していないとのことでした。

この日の私の決断は、「何かを絶対にやる」という決断ではなく、「絶対にやらない」というものでした。正直、「やらない」というこれは辛いものがありました。

開業日当日、3月12日になりました。

朝6時に予定していた博多駅での出発式は中止したものの、九州新幹線の最初の列車の出発だけは、私一人で見送ろうと思い、博多駅のホームに上がっていきました。中止を連絡したにもかかわらず、そこには新聞やテレビの記者たち十数人が待ち構えていました。

私は、記者たちに一言も話すことなく会釈だけをし、一番列車の先頭車両のところまで行きました。車両の〝鼻〟といわれる前に長く伸びた部分を撫でながら、自分にしか聞こえなかったであろう声で「頼みますよ」とだけ車体に声をかけました。

長い会社人生のなかで、最大の決断を下した翌日のことでした。

第十条

真摯さ

第69講　「真摯さ」は学ぶことのできない資質

２００９年に発刊された『もし高校野球の女子マネージャーがドラッカーの「マネジメント」を読んだら』。

タイトルからしてちょっと怪しげな感じがしますが、この本は２０１０年の年間ベストセラー総合1位に輝いています。３００万部以上売れたそうです。

川島みなみという一人の女子高生が、突然自分の学校の野球部のマネージャーになります。みなみは、「野球部を甲子園に連れていく」という使命を抱き、自らもマネージャーとしての資質を身につけようと勉強します。テキストは、あの経営学の権威、ドラッカー博士の名著『マネジメント（エッセンシャル版）』です。

野球部のマネージャーとドラッカー博士を組み合わせる発想がすごいのですが、これがけっこう読ませます。ドラッカーの考えをわかりやすくまとめたドラッカーの解説書入門編といってもいいくらいです。ストーリーもよくできていて、ベストセラー1位もわかるような気がします。

みなみは、『マネジメント』の中に、「マネジャーの資質」という項目を見つけます。ここに、ドラッカー博士が捉えるリーダー像があります。『もしドラ』の中にも、『マネジメント』の一節をそのまま引用していますので、私もそのまま引用します。

（ちなみに、『もしドラ』ではマネージャー、ドラッカー博士の本の日本語訳ではマネジャーと表記されています）

マネジャーは、人という特殊な資源とともに仕事をする。人は、ともに働く者に特別の資質を要求する。

人を管理する能力、議長役や面接の能力を学ぶことはできる。管理体制、昇進制度、報奨制度を通じて人材開発に有効な方策を講ずることもできる。だがそれだけでは十分ではない。根本的な資質が必要である。真摯さである。最近は、愛想よくすること、人を助けること、人づきあいをよくすることが、マネジャーの資質として重視されている。そのようなことで十分なはずがない。

事実、うまくいっている組織には、必ず一人は、手をとって助けもせず、人づきあいもよくないボスがいる。この種のボスは、とっつきにくく気難しく、わがままなくせに、しばしば誰よりも多くの人を育てる。好かれている者よりも尊敬を集める。一流の仕事を要求し、自らにも要求する。基準を高く定め、それを守ることを期待する。何が正しいかだけを考え、誰が正しいかを考えない。真摯さよりも知的な能力を評価したりはしない。

このような資質を欠く者は、いかに愛想がよく、助けになり、人づきあいがよかろうと、またいかに有能であって聡明であろうと危険である。そのような者は、マネジャーとしても、紳士としても失格である。

マネジャーの仕事は、体系的な分析の対象となる。マネジャーにできなければならないことは、そのほとんどが教わらなくとも学ぶことができる。しかし、学ぶことのできない資質、後天的に獲得することのできない資質、始めから身につけていなければならない資質が、一つだけある。才能ではない。真摯さである。

ドラッカー博士は、マネジャー、つまりリーダーに求められる最大の資質は「真摯さ」であるというのです。この「真摯さ」というのがなかなかわかりにくい言葉です。「真摯さ」は、原文では「integrity」（インテグリティ）となっています。「integrity」は、英和辞典を引くと、「誠実、高潔さ、品格」とあります。博士は、「人を管理する能力」は学ぶことができるが、「真摯さ」はそうではないと述べています。また、「愛想よくすること、人を助けること、人づきあいをよくすること」も「真摯さ」ではないといいます。そして、「一流の仕事を要求し、自らにも要求する」人、「基準を高く定め、それを守ることを期待する」人、「何が正しいかだけを考え、誰が正しいかを考えない」人、こういう人が「真摯さ」を持った人というのでしょう。さらに、「真摯さ」は学ぶことのできない資質だといいます。

『マネジメント』では、この箇所以外にも「真摯さ」について多くを語っています。ドラッカー博士のいう「真摯さ」から思い出したのが、イギリスのリーダー学の権威、ジョン・アデア氏の著書『英国超一級リーダーシップの教科書』に書かれている「リーダーシップ7つの資質」です。これも、日本語訳をそのまま引用します。

リーダーシップ7つの資質――包括的特性

・熱意：熱意がないリーダーというものを考えることができるだろうか？　やるべきことを一所懸命にやるのがリーダーではないのか？
・誠実：これは人々があなたへの信頼を創りだす資質である。そしてこの信頼はあらゆる人間関係において――仕事上でもまたは私生活においても――必要不可欠な要素である。「誠実」という意味は、全人格的な意味を持つと同時に、あなた自身の外部にある――特に、善とか真実といった――価値観を固守するという意味も含まれる。
・タフネス：リーダーはしばしば人々への要求者である。その水準が高いがゆえに周囲は不満を持つ。リーダーは立ち直りが早く、また粘り強い。リーダーは尊敬されることを目指すが、人気をとる必要はない。
・公明正大：効果的なリーダーは個々人の同等性を見て対応するのでなく、個々人は違ったものを持っているという相違性を見て対処する。リーダーはお気に入りをつくらず、成果に対しては公平に報酬と罰を与える。

・温かさ：冷血漢はすぐれたリーダーにはなれない。リーダーシップはあなたの心と同じく、感情をも包含するものだ。あなたが人々のために実践し、人に気を配り思いやる心は、不可欠である。

・謙虚：これは風変わりな資質ではあるが、最上級のリーダーたちが持つ特質でもある。謙虚の反対は傲慢である。誰が好き好んで傲慢なマネージャーの下で働きたいと思うか？優れたリーダーのしるしは、進んで傾聴し、うぬぼれたエゴを排除することである。

・信頼：信頼は不可欠な基本的要素である。人々はあなたが信頼しているか否かを直感的に感じ取っていることだろう。自分自身を信頼する、すなわち、自信を持つということは、リーダーになるための常に必要な準備すべきものではあるが、自信過剰になってはいけない、自信過剰は傲慢への一里塚でもある。

ドラッカー博士のいう「真摯さ」は、ジョン・アデア先生の七つの資質のうちの**「熱意」「誠実」「公明正大」「温かさ」「信頼」**の五つがあてはまるのではないでしょうか。

そして、ドラッカー博士もジョン・アデア先生も、ここにたどりつくのではないかというのが、私の見解です。こことは、何か。

『孫子』です。

『孫子』の中で、リーダーに必要な資質として、「智」「信」「仁」「勇」「厳」の五つが挙げられています。

ドラッカー博士のいう「真摯さ」とジョン・アデア先生のいう「熱意」「誠実」「公明正大」「温かさ」「信頼」の五つは、『孫子』のいう「信」と「仁」にルーツがあるように思われます。

いろいろ考えた末に、リーダーに求められる最も重要な資質は、この「真摯さ」ではないかという結論に達しました。

第70講　真摯さは誠実

ＪＲ九州は、行動理念として「誠実」「成長と進化」「地域を元気に」の三つを掲げています。中でも、「誠実」を最も重要な行動規範にしています。

前のページで、リーダーとして求められる最も重要な資質は「真摯さ」であると言いました。ＪＲ九州では、「真摯さ」を「誠実」という言葉で行動理念の中核に置き、それを実践するように努めています。

私も含めてＪＲ九州のリーダーたちは、さまざまな経営施策を実施するにあたり、その施策が誠実かどうかということを判断基準にしています。また、普段の行動においても、それが誠実なものとなるよう心がけています。

最後に紹介するのは、私が会長として２０１６年度の初めに社員に向けて訓示をした内容の一部です。15年の9月にドイツの自動車メーカー、フォルクスワーゲン社の排ガス不正問題が世間を騒がせました。その際の同社のあまりにも誠実でない対応を見て憤慨したので、過激な言葉になりましたが、私の、そしてＪＲ九州の「誠実」に対する考え方を述べていますので、参考にしてください。

（前略）では、この重要な節目の年に私たちは一番何を大事にしなければいけないでしょうか。考え方と行動において一番何を基本としなければいけないでしょうか。

それは、「誠実」です。

昨年度一年間をふり返っても、「誠実」でない企業がとんでもない状況に追い込まれた事例がたくさんありました。

あのフォルクスワーゲンが、なんと排ガス規制に関して会社ぐるみで不正を行っていたことが大きく報道されました。その後の同社の凋落ぶりは驚くばかりです。

日本でも、東芝の不正会計が発覚し、歴代3社長が責任を問われています。会社自体も致命的なまでに信用を失墜しました。今期も多額の赤字を計上することになり、再起の目途もまったく立っていない深刻な状況に陥っています。

マンション杭打ち不正事件では、旭化成建材によるデータ改ざんが大きな問題となり、責任を取って親会社の旭化成社長が辞任となりました。旭化成傘下の住宅事業部門の新規受注が事件発覚後激減しているとも報道されています。

私たちは、会社発足時から一貫して「誠実」を旗印に企業活動を進めてきました。30年目の節目の年、もう一度原点に立ち返り、「誠実」を見つめなおし、「誠実」な行動がとれているか自己点検することが大切なことではないでしょうか。

「誠実」とは、嘘、偽り、ごまかしがなく思いやりをもって行動することです。

お客さま、地域のみなさま、取引先といった社外のみなさまに対してはもちろんのこと、社内においても上司、先輩、同僚などすべての人たちに誠実な行動をとりましょう。株式上場後は、当然ながら株主に対しても「誠実」でなければいけません。

その中で、肝に銘じなければいけないのは、何か事件や事故、そのほか自分や職場、会社にとって不都合なことが発生したときの対応です。

「こんなことを上司や本社に報告するとひどく怒られそうだ」

「こんなことが、世間に知れたら会社のイメージを台なしにしてしまう」

などと勝手に思い込み、事件や事故の報告を怠ったり、虚偽の報告をしたり、報告するまでにかなりの時間を要したりするような精神状況に陥ることがあります。

これがいけません。こうしたことが事態を最悪のものにしてしまうのです。

これまでも、多くの企業が信用を大きく失墜するような事件を起こしてきましたが、事件の発生だけで経営が破たんした事例は極めてまれです。経営破たんにまで追い込まれた企業に共通するのは、事件発生後の対応のまずさにあります。事件や事故はないにこしたことはありませんが、しかし人間のやること、図らずも事件や事故が起きてしまいます。そのときに上司や本社、世間に正直かつ迅速に報告あるいは発表を行うことが、その本人や企業を危機的状況から救うことができる唯一の行動です。事件や事故の発生は、当事者本人に相応の処分がなされるだろうし、業績を悪化させ企業イメージを損ないます。しかし、それは一時的なものであり、限定的なものとなります。事件や事故の虚偽報告や隠ぺい工作は、その影響が一時的でも限定的でもなく、企業の存続そのものにとって致命的なダメージとなります。経営破たんを招くのは、事件や事故ではなくその後の嘘、偽り、ごまかしです。すなわち、「誠実」でないと企業は立ち行かなくなるということです。

誠実でいられなくなりそうなときこそ、逃げてはいけません。

ここまでさまざまに述べてきましたが、じつのところ言いたいことは次の9文字です。

リーダーは逃げない。

リーダー学いろはかるた

い　異端を尊《たっと》ぶ
ろ　論より現場
は　発想の転換
に　逃げない覚悟
ほ　本質に気づく
へ　変化を恐れず、変化を楽しむ
と　止める勇気、やめる決断
ち　智、信、仁、勇、厳
り　理屈より熱意
ぬ　盗っ人人生、叱らぬ親のせい
る　ルールの棚卸し
を　思いやる気持ち

ゐ　一歩踏み出す勇気
の　農業はものづくりの原点
お　鬼平がお手本
く　繰り返し語る
や　やってみなはれ
ま　待ちの心構えと表情と姿勢
け　継続は力なり、
　　継続するにも力が要る
ふ　プロはスピードと正確さ
こ　言霊のパワー
え　笑顔より楽しそうな顔つき
て　でかい夢をみる

わ　笑いは百薬の長
か　勝海舟は近代日本の傑物
よ　夜明け前が一番暗い
た　大震災で決断する
れ　冷暖自知
そ　その場で叱る、その場で褒める
つ　伝えても、伝わらなければ、
　　伝えたとはいえない
ね　眠りやすい安全意識
な　なすべきことをなす
ら　楽に儲けるな
む　難しいことをやさしく
う　倦まず弛まず、
　　立ち止まらずどん欲に

あ　案ずるより産むが易し
さ　サービスは段取り八分
き　逆境をバネにする
ゆ　夢を描き、夢を語る
め　明治維新は学びの宝庫
み　みずから実践
し　真摯さを全うする
ゑ　映画に学ぶ
ひ　ピンチはチャンス
も　もうダメだというときが
　　仕事のはじまり
せ　拙速を尊ぶ
す　寿司職人のようであれ

参考文献一覧

勝小吉著、勝部真長編、『夢酔独言』講談社学術文庫
子母沢寛著、『勝海舟』（1～6巻）新潮文庫
子母沢寛著、『父子鷹』（上・下巻）講談社文庫
坂口安吾著、『安吾史譚』土曜文庫
ジェイコブ・ソール著、『帳簿の世界史』文春文庫
大口勇次郎著、『勝小吉と勝海舟』山川出版社
半藤一利著、『それからの海舟』ちくま文庫
橘川武郎著、『イノベーションの歴史』有斐閣
永守重信著、『「人を動かす人」になれ』三笠書房
平井正修著、『山岡鉄舟　修養訓』致知出版社
岩崎夏海著、『もし高校野球の女子マネージャーがドラッカーの「マネジメント」を読んだら』ダイヤモンド社
加護野忠男編著、『松下幸之助』ＰＨＰ研究所
松下幸之助述、『リーダーになる人に知っておいてほしいこと』ＰＨＰ研究所
稲盛和夫著、『成功への情熱』ＰＨＰ研究所
高野研一著、『カリスマ経営者の名著を読む』日経文庫
齋藤孝著、『理想の国語教科書　決定版』文藝春秋
井上篤夫著、『志高く　孫正義正伝　新版』実業之日本社文庫
ジョン・アデア著、『英国超一級リーダーシップの教科書』こう書房
田村賢司著、『日本電産永守重信、世界一への方程式』日経ＢＰ社
梶原一明編著、『一冊でわかる！本田宗一郎』ＰＨＰ研究所
柳井正著、『柳井正の希望を持とう』朝日新聞出版
小倉昌男著、『経営学』日経ＢＰ社
Ｐ・Ｆ・ドラッカー著、『マネジメント【エッセンシャル版】』ダイヤモンド社
守屋洋、守屋淳著、『六韜・三略』プレジデント社
守屋洋著、『孫子の兵法』三笠書房

〈著者紹介〉

唐池恒二（からいけ・こうじ）

九州旅客鉄道株式会社　代表取締役会長

１９５３年４月２日生まれ。１９７７年、京都大学法学部を卒業後、日本国有鉄道（国鉄）入社。１９８７年、国鉄分割民営化に伴い、新たにスタートした九州旅客鉄道（ＪＲ九州）において、「ゆふいんの森」「あそＢＯＹ」をはじめとするＤ＆Ｓ（デザイン＆ストーリー）列車運行、博多～韓国・釜山間を結ぶ高速船「ビートル」就航に尽力する。また、大幅な赤字を計上していた外食事業を黒字に転換させ、別会社化したＪＲ九州フードサービスの社長に就任。２００２年には、同社で自らプロデュースした料理店「うまや」の東京進出を果たし、大きな話題を呼んだ。２００９年６月、ＪＲ九州代表取締役社長に就任。２０１１年には、九州新幹線全線開業、国内最大級の駅ビル型複合施設「ＪＲ博多シティ」をオープン。２０１３年10月に運行を開始し、世界的な注目を集めたクルーズトレイン「ななつ星ｉｎ九州」は、その企画立案から運行まで陣頭指揮に当たった。２０１４年より現職。同社およびグループ会社42社のトップリーダーとして奮闘中。（写真／河本純一）

逃げない。

リーダーに伝えたい70の講義

2020年12月10日　第1版第1刷発行

著　者　　唐　池　恒　二
発行者　　櫛　原　吉　男
発行所　　株式会社ＰＨＰ研究所
京都本部　〒601-8411　京都市南区西九条北ノ内町11
マネジメント出版部　☎075-681-4437（編集）
東京本部　〒135-8137　江東区豊洲5-6-52
普及部　☎03-3520-9630（販売）

PHP INTERFACE　https://www.php.co.jp/

組　版　　朝日メディアインターナショナル株式会社
印刷所　　図書印刷株式会社
製本所　　東京美術紙工協業組合

ISBN978-4-569-84806-8

PHPの本

新鉄客商売

本気になって何が悪い

唐池恒二 著

「ななつ星」を生み出し、JR九州を株式上場にまで導いたカリスマ経営者・唐池恒二。鉄道経営の常識を破った経営手腕の極意に迫る。

定価 本体一、七〇〇円（税別）

PHPの本

続・道をひらく

松下幸之助 著

身も心も豊かな繁栄の社会を実現したいと願った著者が、日本と日本人の将来に対する思いを綴った116の短編随筆集。『PHP』誌の裏表紙に連載された言葉から厳選。

定価 本体八七〇円（税別）

PHPの本

［新装版］思うまま

松下幸之助 著

「心を鍛える」「道を定める」「人生を味わう」――。
折々の感慨や人生・社会・仕事に寄せる思い
240編余りを集めた随想録。明日への勇気と、
生きるための知恵を与えてくれる。

定価 本体八七〇円（税別）